Einleitung

Kein Unternehmen, keine andere Industriellenfamilie hat im Ruhrgebiet so viele Spuren hinterlassen wie Krupp. Das Essener Traditionsunternehmen besteht seit zwei Jahrhunderten und hat in dieser Zeit viele Höhen und Tiefen durchlaufen – von der Gründung als kleiner Familienbetrieb im Jahre 1811 bis zum weltweit größten Stahl- und Technologiekonzern.

Zum 200-jährigen Firmenjubiläum lässt sich der langlebige Mythos von Familie und Firma Krupp in einer Spurensuche erkunden, wie sie spannender nicht sein könnte. Denn genau dort, wo 1811 für Krupp alles begann, sind heute Vergangenheit, Gegenwart und Zukunft vereint. Der inzwischen als ThyssenKrupp AG international tätige Konzern ist im Jahr 2010 von Düsseldorf nach Essen in ein futuristisches Headquarter zurückgekehrt – eine Art Heimkehr zu den historischen Wurzeln.

In direkter Sichtweite zu dem bescheidenen Stammhaus der Gründerjahre schließt sich für die Firma damit symbolisch ein Kreis. Für die ehemalige Krupp-Stadt Essen ist die Rückkehr des Konzerns der viel versprechende Beginn einer neuen, postindustriellen Wirtschaftskultur – standen doch im Ruhrgebiet, der Heimat der alten Industrien, zuletzt meist die musealen Relikte vergangener Industriekultur im Mittelpunkt.

Die ThyssenKrupp-Konzernzentrale „Q1"

Inhalt

TOUR 1

DIE FAMILIE

Villa Hügel – Wohnsitz der Industriellen-Dynastie Krupp

6 *Geschichte*

Sehenswert
18 Villa Hügel: Großes Haus
24 Kleines Haus – Historische Ausstellung Krupp
26 Hügelpark

Einkehr-Tipp
30 Parkhaus Hügel

Abstecher
32 Siedlung Brandenbusch
34 Krupp-Familienfriedhof
36 Museum Folkwang

Einkehr-Tipp
40 Vincent & Paul

TOUR 2

DIE FIRMA

Von der Gussstahlfabrik zum ThyssenKrupp Quartier

42 *Geschichte*

Sehenswert
54 Tiegelguss-Denkmal
56 Stammhaus Krupp
60 Q1 – das ThyssenKrupp Headquarter

Abstecher
64 Krupp-Park und Rheinische Bahn

Einkehr-Tipp
66 Mongo's Restaurant

TOUR 3
DIE KOLONIEN
Schöner Wohnen für Kruppianer

68 *Geschichte*

Sehenswert
78 Gartenstadt Margarethenhöhe
82 Halbachhammer

Einkehr-Tipp
84 Restaurant und Hotel Margarethenhöhe
86 Hülsmannshof

Abstecher
88 Siedlung Heimaterde
90 Siedlung Dahlhauser Heide
94 Margarethensiedlung
98 Siedlung Altenhof
102 Siedlung Alfredshof

104 **IMPRESSUM/BILDNACHWEIS**

6
7

Portrait der Familie von Gustav und Bertha Krupp von Bohlen und Halbach, 1931

Wer sich der hoch über dem Ruhrtal thronenden Villa Hügel nähert, wird das imposante Bauwerk zunächst kaum für den Wohnsitz eines Industriellen halten, sondern eher für das Schloss einer hochadeligen, vielleicht sogar königlichen Familie. Alfred Krupp (1812–1887), der mit Königen und Staatsmännern auf Augenhöhe verkehrte, hatte sich um 1870 im waldreichen Süden der Stadt Essen keinen simplen Wohnsitz gebaut. Bis heute ist die Villa Hügel ein Symbol für den Mythos Krupp und den Aufstieg einer Industriellendynastie, der aus kleinsten Anfängen zur Weltgeltung führte.

Die Entscheidung für den Bau dieses repräsentativen Familienwohnsitzes traf Alfred Krupp, Sohn des Firmengründers Friedrich Krupp (1787-1826), als sich das Essener Stammwerk sprunghaft zum größten Industrieunternehmen Europas entwickelte – von 74 Mitarbeitern im Jahr 1848 auf 4.000 Beschäftigte im Jahr 1863 und bereits 8.000 im Jahr 1865. In dieser Zeit der industriellen Revolution betrug das jährliche Umsatzwachstum der Firma Krupp mitunter bis zu 80 Prozent. Um die Jahrhundertwende war die Belegschaft im Essener Werk bereits auf 30.000 angewachsen. Bis zum Einzug in die Villa Hügel im Jahr 1873 hatte die Familie Krupp nahezu ununterbrochen mitten auf dem Gelände der Gussstahlfabrik vor den Toren der Stadt Essen gelebt, die erste Zeit höchst bescheiden in einem einfachen Fachwerkhaus neben dem Schmelzbau der Gussstahlfabrik.

Der Firmengründer Friedrich Krupp war als junger Unternehmer um 1824 in eine finanzielle Krise geraten. Infolgedessen musste er das stattliche Stadthaus seiner alteingesessenen Familie in der Essener Altstadt aufgeben und in jenes beengte Fachwerkhaus ziehen, das später als Kruppsches Stammhaus symbolische Bedeutung für das Unternehmen gewann. Friedrich Krupp hatte dieses Haus einst als Aufseherhaus seiner 1811 gegründeten Gussstahlfabrik errichten lassen. Nach seinem Tod 1826 führt seine Witwe Therese Krupp von hier aus die Firma so lange fort, bis ihr ältester Sohn Alfred Krupp 1848 Alleininhaber des Unternehmens wurde. Nach der Erweiterung des Aufseherhauses um einen zweistöckigen Anbau bewohnte die junge Inhaberfamilie zunächst das Verbindungsgebäude. 1854 wurde hier Friedrich Alfred Krupp (1854-1902) geboren, einziger Sohn von Alfred und Bertha Krupp, geb. Eichhoff.

Das wachsende Bedürfnis nach Repräsentation veranlasste Alfred Krupp zum Bau eines neuen Wohnhauses. So entstand zwischen 1859 und 1861 das so genannte „Gartenhaus" – wiederum mitten auf dem Krupp'schen Betriebsgelände. Doch kaum war das neue, standesgemäße Domizil mitsamt großzügigem Garten, Teich und filigran wirkenden Gewächshäusern bezogen, wurde es von der rauen Wirklichkeit der Fabrik eingeholt: Neben den Beeinträchtigungen durch den ständigen Rauch aus den Schloten waren es die rhythmischen Erschütterungen des als technisches Wunderwerk gefeierten 50-Tonnen-Dampfhammers „Fritz", die an den Nerven der feinsinnigen Gattin zerrten und obendrein das Geschirr in der Vitrine zerspringen ließen.

Ab 1863 begann Alfred Krupp systematisch mit dem Kauf von Ländereien auf den Ruhrhöhen. Eine Lage, die bis heute gute Luft, idyllische Ruhe und traumhafte Aussichten auf das weite Ruhrtal bietet und den Rahmen für jenen Landsitz abgab, in dem Krupp ein „Mittel der Lebensverlängerung für mich und die Meinen" sah. Der Patriarch hoffte, sich mit dem neuen Landsitz „die notwendigen teuern Reisen in die Bäder" zu sparen. Auch wollte er seinem kränkelnden Sohn Friedrich Alfred eine gesündere Umgebung bieten. Das damals dünn besiedelte Bauernland ist heute der vornehmste und wohl auch teuerste Stadtteil Bredeney im Essener Süden. Hier bezog der Firmenlenker mit seiner Familie zunächst den Klosterbuschhof, der wenig später abgerissen wurde. Unweit davon entstand im Stil der Gründerzeit ab 1870 die Villa Hügel – ein Bauprojekt, das sich für die insgesamt neun verpflichteten Architekten, diversen Berater und ausführenden Firmen zu einem Drama ganz eigener Art entwickelte.

Der Bauherr wollte sich mit dem repräsentativen Wohnsitz auf der Höhe seines unternehmerischen Erfolges gleichsam noch einmal neu erfinden. Dabei verstand sich der Ingenieur Alfred Krupp zweifellos als sein eigener Architekt und mischte sich rücksichtslos in sämtliche Baudetails ein. Die Folge: Sein Traum von einer perfekten „Wohnmaschine" wurde nicht nur für die am Bau Beteiligten zum Alptraum, sondern auch für die späteren Bewohner. Zwar schlugen sich die Visionen des Bauherren von den Wohltaten technischen „Comforts" in opulenten Bädern wider, die es mit jedem amerikanischen Luxushotel jener Zeit aufnehmen können. Doch kaum war die Familie am 10. Januar 1873 eingezogen, erwies sich die ambitionierte Haustechnik, eine aufwändige Frischluftventila-

10
11

tion, als „Misserfolg", wie Krupp noch am gleichen Tag vergrätzt notierte. Nicht nur, dass die Küchendüfte den Hausherren noch nach Tische belästigten; die riesigen Räume waren eiskalt und es zog so erbärmlich, dass die Villa im Winter nahezu unbewohnbar war. Noch seine Nachkommen litten unter dem unzählige Male reparierten Heiz- und Lüftungssystem – obschon sie alles daran setzten, in dem „größten Einfamilienhause Deutschlands" durch Umbauten, opulente Holzvertäfelungen und aufwändige Innendekors mehr Wärme und Wohnlichkeit zu erzeugen.

Die so offensichtlichen Mängel muss der technikbegeisterte Patriarch als persönliches Versagen empfunden haben. Denn nun rächte sich bitter, dass er von Baubeginn an die Auffassung vertreten hatte, Architekten, Innenarchitekten und auch Landschaftsarchitekten hätten seine Ideen quasi nur „dienstleistend" umzusetzen. Genau diese Haltung hatte letztlich dazu geführt, dass sich zeitgenössische Koryphäen von Rang, die ihre Arbeit selbstbewusst als Gesamtkunstwerk verstanden, nicht für das Bauprojekt auf dem Hügel erwärmen konnten. Eine solche Form von „Auftragsarbeit" kam für sie schlicht nicht in Frage.

Hierhin unterschied sich Alfred Krupp übrigens fundamental von seinem Konkurrenten, dem US-amerikanischen Unternehmer und Eisenbahnmogul Cornelius Vanderbilt (1794–1877), mit dem ihn eine Art Wetteifer um den Titel „reichster Mann der Welt" verband. Was der „Kanonenkönig" Alfred Krupp als Inhaber des größten Unternehmens in Europa war, das war der „Schiffs- und Eisenbahnkönig" Vanderbilt als erfolgreichster Unternehmer in den Vereinigten Staaten. Beide Industriellenfamilien waren aus kleinen Verhältnissen nahezu Schwindel erregend schnell aufgestiegen und hatten sich etwa zur gleichen Zeit bürgerliche Prachtresidenzen gebaut. Doch ganz anders als Krupp überließ die amerikanische Familiendynastie Planung, Errichtung und Ausstattung ihrer Stadtresidenz an der New York 5th Avenue und später der Sommerresidenz am Ocean Drive in Newport komplett den Architekten ihrer Wahl. Ausgestattet mit einem Freibrief des Bauherren, konnten sie in völliger künstlerischer Freiheit verwirklichen, was Ihnen schön und angemessen erschien, koste es, was es wolle. Solch eine luxuriöse Geste war dem technokratischen Deutschen fremd. Allerdings bewegten sich die Gesamtbaukosten für die Villa Hügel durchaus in astronomischer Höhe: die rund 5,7 Millionen Mark waren

Weißer Saal in der Villa Hügel, 1898

immerhin ein Viertel des während der Bauzeit erwirtschafteten Firmengewinns.

Nach den Vorstellungen des Essener Unternehmers sollte der familiäre Wohnsitz nicht nur der privaten „kleinen Häuslichkeit", sondern auch „allerersten gesellschaftlichen Ansprüchen" genügen. Damit war die Villa Hügel von Anfang an Teil der Kruppschen Firmenpolitik und eine Investition in eine Frühform dessen, was heute als Corporate Identity bezeichnet wird. War der erste Stock des „Großen Hauses" mit Schlafzimmern, Salons und Arbeitszimmer dem privaten Bereich der Familie vorbehalten, so diente das Erdgeschoss mit seinen Repräsentationssälen geselligen Anlässen wie Treffen mit Freunden und Verwandten, kleinen Theater- und Musikaufführungen, festlichen Bällen bis hin zu großen Empfängen für hochrangige Gäste aus dem In- und Ausland: Der deutsche Kaiser Wilhelm II. stattete dem „Kanonenkönig" Krupp in der Villa Hügel ebenso einen „Kundenbesuch" ab wie der Schah von Persien und viele andere hohe Repräsentanten. Bei Anlässen wie diesen wurde die Villa Hügel zeitweise zum Zentrum des Firmengeschehens.

Logiert wurde im Nebengebäude, dem so genannten Kleinen Haus, das wechselweise als Gästehaus bzw. als eine Art Altenteil für Familienmitglieder diente. Von 1906 bis zu ihrem Tod 1931 lebte hier die verwitwete Margarethe Krupp. Ab 1914 wurde ein neues Gästehaus errichtet, in dem heute die Alfried Krupp von Bohlen und Halbach-Stiftung ihren Sitz hat.

Für die üppige „Hofhaltung" auf dem Hügel benötigte die Familie Krupp immer mehr Personal. 1876 waren bereits 66 Bedienstete auf Dauer damit beschäftigt, den „Betrieb Hügel" mit der herrschaftlichen Villa sowie das ständig wachsende, gutsähnliche Anwesen mit Reitställen, Remisen, Werkstätten und Wäscherei, Gärtnerei, Gewächshäusern und einem Gesellschaftshaus mitsamt Kegelbahn zu bewirtschaften. Die Zuständigkeiten bestimmte der kontroll- und ordnungsliebende Hausherr 1872 in einem „General-Regulativ". 1902 war die Zahl der vergleichsweise recht großzügig entlohnten Beschäftigten auf über 500 angewachsen.

Während das eigentliche Hauspersonal im Dachgeschoss der Villa Hügel untergebracht war – streng nach Frauen und Männern getrennt, entstand für einen weiteren Teil der Bediensteten ab 1895 in unmittelbarer Nähe der Villa Hügel die Siedlung Am Brandenbusch.

Fünf Generationen der Familie Krupp haben bis 1945 in der Villa Hügel gewohnt. Als die britische Besatzungsmacht, die die Villa Hügel nach dem zweiten Weltkrieg für Verwaltungszwecke genutzt hatte, das Anwesen zurückgab, verzichtete die Familie Krupp von Bohlen und Halbach auf einen erneuten Einzug und gab ihr Haus 1953 für Ausstellungen, Konzerte und zur Besichtigung durch die Öffentlichkeit frei. Heute präsentiert sich die eindrucksvolle Villa im Bauzustand von 1915 und steht unter Denkmalschutz. Bei einer Besichtigung begibt sich der Besucher auf die Spuren der wohl bedeutendsten Industriellendynastie Deutschlands.

Schwimmbad im Keller der Villa Hügel, um 1916

TOUR 1: DIE FAMILIE

Auch heute noch muss jeder Besucher der Villa Hügel zunächst an einem der historischen Pförtnerhäuschen an der nördlichen bzw. südlichen Geländezufahrt halten, ehe sich die Schranke zu dem ehemaligen Wohnsitz der Industriellenfamilie Krupp hebt. Die hübschen Pförtnerhäuschen wirken wie Tore in eine wundersame Märchenwelt und man unterzieht sich dieser Einlassprozedur gerne.

Von dort führt eine gewundene Zufahrt durch den herrlichen Waldpark direkt zur Villa Hügel. Die schlossartige Anlage liegt malerisch auf den Ruhrhöhen mit Blick auf den Baldeneysee und besteht aus dem Kleinen und dem Großen Haus. Mit insgesamt 269 Räumen und mehr als 8.000 Quadratmetern Wohn- und Nutzfläche ist der Gebäudekomplex weit mehr als ein denkmalgeschützter ehemaliger Unternehmerwohnsitz. Die Essener Villa Hügel ist das Symbol für den sagenhaften Erfolg eines Essener Industriepioniers, der mit seinem Erfindergeist den wirtschaftlichen Aufstieg einer ganzen Region entfachte und zu den industriellen Gründervätern des Ruhrgebiets zählt.

Pförtnerhäuschen an der Hauptzufahrt zur Villa Hügel

TOUR 1: DIE FAMILIE

Villa Hügel – Wohnsitz der Industriellen-Dynastie Krupp

Sehenswert

Villa Hügel: Großes und Kleines Haus

Villa Hügel: Großes Haus

18
19

Das Haupthaus der Villa Hügel mit der überdachten Vorfahrt ist im Bauzustand von 1915 erhalten – jener Zeit, als das Ehepaar Gustav und Bertha Krupp von Bohlen und Halbach das Haus bewohnte. Das Paar hatte wesentliche Räume der Villa zwischen 1912 bis 1915 mit bekannten Architekten und Ausstattungsfirmen neu gestalten lassen. Für die Umgestaltung der Unteren Halle war der Berliner Hofarchitekt Ernst von Ihre verpflichtet worden.

Während unter Alfred Krupp die Original-Innenausstattung der Villa mit sparsamer Möblierung und hellen, luftigen Räumen vergleichsweise schlicht war, wurde sie bereits unter seinem Sohn Friedrich Alfred Krupp und dessen Frau Margarethe durch die Ausstattung mit wertvollen Gemälden, Wandteppichen und historischen Möbeln bedeutend luxuriöser.

Die wichtigsten und größten Räume können heute als eindrucksvolles Beispiel für die Wohn- und Repräsentationskultur des späten Wilhelminismus besichtigt werden. Geführt oder auf eigene Faust streift der Besucher über blankpoliertes, knarzendes Parkett durch weit verzweigte Raumfluchten, die im Stil der Jahrhundertwende überreich mit kassierten Holzdecken, säulengeschmückten Türportalen, goldgerahmten Ölgemälden, meterhohen Gobelins, pastelligen Seidentapeten sowie wuchtigen Edelholzschränken, Truhen und Tischen ausgestattet sind.

Die von Bauherr Alfred Krupp festgelegte Raumaufteilung lässt sich bis heute im Wesentlichen nachvollziehen. Im Erdgeschoss befinden sich die gesellschaftlichen Räume, die in Dreiergruppen um die große Halle angeordnet sind. Im ersten Stock sind die privaten Wohnräume, zu denen auch private Geschäftsräume und die Obere Halle mit der verglasten Kuppel zählen. In der zweiten Etage finden sich die Zimmer für Dienstboten sowie Dachboden- und Stauräume. Das Kellergeschoss war der Küche, den Vorratsräumen und Baderäumen für das Personal vorbehalten.

Noch heute beeindruckt die riesige Empfangshalle durch Monumentalität und eine Gemäldesammlung, zu der neben Porträts der Hohenzollern-Kaiser auch Bilder der Familie Krupp gehören – Ausdruck von stolzem Selbstverständnis der wohl bedeutendsten deutschen Industriellen-Dynastie. Es folgt die Bibliothek, deren Bücherbestand von ursprünglich 36.000 katalogisierten Bänden in den 1960er Jahren zu großen Teilen der Bochumer Ruhr-Universität vermacht wurde. Den künstlerisch größten Wert besitzt die Sammlung mit flämischen Wandteppichen aus der Zeit von 1500

Die Gartenseite der Villa Hügel
Sphingen vor der Gartenterrasse

22
23

bis 1760, die im neobarocken Gartensaal im Erdgeschoss sowie im Treppenaufgang und in einigen Räumen des ersten Obergeschosses zu sehen sind.

Dort kann auch das Musikzimmer und das Arbeitszimmer besichtigt werden. Den wuchtigen Schreibtisch benutzten alle Firmeneigentümer seit Alfred Krupp. Überwiegend im oberen Stockwerk finden auch die wechselnden Kunstausstellungen der Alfried Krupp von Bohlen und Halbach-Stiftung statt.

Verborgen bleiben dem Besucher die zahlreichen technischen Neuerungen, die der fortschrittsbegeisterte Hausherr Alfred Krupp in der Villa installieren ließ. So gab es neben der innovativen, allerdings schlecht funktionierenden Warmluftheizung um 1880 bereits eine Telefonanlage und einen hydraulischen Lift sowie ein aufwändiges Klingel- und Klappensystem, um Dienstboten zu rufen.

■ **Villa Hügel**
Kulturstiftung Ruhr Essen
Hügel 1
45133 Essen
Tel.: 0201.61629-0
Fax: 0201.61629-11
E-Mail: office@villahuegel.de
www.villahuegel.de

Öffnungszeiten Villa Hügel:
täglich außer montags 10.00–18.00 Uhr

Hausführungen: nach Vereinbarung
Tel.: 0201.61629-17
Fax: 0201.61629-11
E-Mail: info@villahuegel.de

Auswärtigen Besuchern wird empfohlen,
sich vor Anreise telefonisch zu erkundigen.
Gruppen nur nach Voranmeldung.

Große Halle im Obergeschoss

Kleines Haus –
Historische Ausstellung Krupp

Die großbürgerlichen Räume des ehemaligen Gästehauses der Villa Hügel sind heute wunderbarer Rahmen für die „Historische Ausstellung Krupp". Unter prächtigen Kronleuchtern präsentiert die Dauerausstellung die Geschichte der Familie und der Villa Hügel sowie die umfassende Fördertätigkeit der Alfried Krupp von Bohlen und Halbach-Stiftung. In den denkmalgerecht restaurierten Räumen erwartet den Besucher eine Fülle von Dokumenten, Fotos, Büsten und Pretiosen von immerhin sechs Generationen der Unternehmerfamilie, die auch „Krupp-Anfängern" eine anschauliche Einführung in den Mythos Krupp ermöglichen. Die sorgsam ausgewählten Exponate zeichnen die Lebenslinien der Familienmitglieder nach und geben einen Eindruck von dem repräsentativen Leben auf dem Hügel, das zeitweise einem königlichen Hofstaat glich. Aber zu den Höhen des Industrieunternehmens gehören auch die Tiefen. Daher sind ebenso die Manschettenknöpfe aus Draht zu besichtigen, die Alfried Krupp während seiner sechsjährigen Haft nach dem Zweiten Weltkrieg anfertigte.

Im Obergeschoss wird die zweihundertjährige Geschichte des Unternehmens Krupp epochenweise ausgebreitet – von den unternehmerischen Anfängen des Kaufmannssohns Friedrich Krupp im Jahr 1811, dem Aufstieg zum Weltunternehmen unter Alfred Krupp, über tiefe Wirtschaftskrisen, gesellschaftliche Umbrüche und mehrere Kriege bis zur Fusion mit Thyssen in der jüngsten Vergangenheit. Auch dem Krupp'schen Sozialsystem, das von Wohnungen über Unterstützungskassen, Schulen und Lebensmittelläden bis hin zu Freizeit-, Alten- und Krankeneinrichtungen reicht, ist ein Themenbereich gewidmet. In einem als Kino eingerichteten Raum besteht die Möglichkeit, historische Filme der Firma Krupp aus der Zeit zwischen 1928 und 1964 anzusehen.

■ **Historische Ausstellung Krupp**
Öffnungszeiten:
täglich außer montags 10.00–18.00 Uhr
Führungen in deutscher, englischer und französischer Sprache
nach Voranmeldungen, Tel.: 0201.188-4837 und 61629-0.

Auf den Spuren der drei Ringe:
Radreifen in der Historischen Ausstellung Krupp

Hügelpark

Wer heute durch die verschlungenen Wege des weitläufigen, herrlichen Hügelparks streift, fühlt sich in einen englischen Landschaftspark versetzt. Weite Rasenflächen wechseln mit imposanten Baumgruppen, verträumte Winkel mit kleinen Steilhängen. Immer wieder lenken Lichtungen den Blick auf majestätische Bäume – nach letzter Zählung mehr als 7.000. Unter den über 120 Arten beeindrucken neben heimischen Gewächsen auch imposante Exoten wie der nordamerikanische Amberbaum, die japanische Sicheltanne und der chinesische Urwelt-Mammutbaum.

Schon Alfred Krupp hatte damit begonnen, das Gelände um die Villa mit alten, verpflanzten Bäumen zu gestalten. Der beim Einzug in die Villa über 60-jährige Patriarch wollte noch zu Lebzeiten den Eindruck eines Waldparks genießen und nicht warten, bis kleine Setzlinge groß wurden. Alfreds naturwissenschaftlich interessierter Sohn Friedrich Alfred fügte später eine Fülle seltener und exotischer Gehölze und Pflanzen hinzu. In den vergangenen 50 Jahren ist die rund 28 Hektar große Parkanlage nur noch behutsam verändert worden. Sparsam durch ausgewählte Skulpturen und Denkmäler ergänzt, besitzt der sorgsam gepflegte Park etwas, das in öffentlichen Anlagen inzwischen selten geworden ist: eine großbürgerliche Aura, eine Atmosphäre der Ruhe und Kontemplation.

Wie bereits beim Bau der Villa Hügel, so auch bei der Landschaftsgestaltung: Alfred Krupp beauftragte für die Gestaltung des weitläufigen Hügelparks keinen renommierten Gartenkünstler. Den anfänglichen Kontakt zu verschiedenen Koryphäen aus Düsseldorf und Berlin brach er ab – wohl weil er deren Vorstellungen nach weitgehend selbständiger Entwurfsarbeit nicht entsprechen wollte. So kam es, dass Alfred Krupp die Arbeiten für den Hügelpark seinem ergebenen Obergärtner Friedrich Bete überließ. Der hatte bereits die Gärten auf dem Fabrikgelände und dem Klosterbuschhof betreut, dem Vorgängerbau der Villa Hügel. Der Park und Teile der Gartenanlagen wurden 1961 grundlegend umgestaltet, einige kleinere Gebäude abgerissen.

■ **Hügelpark**
Öffnungszeiten:
täglich, auch feiertags, 8.00-20.00 Uhr

Hügelpark im Frühling

Parkhaus Hügel

Historisches Haus in allerbester Lage: Das Parkhaus Hügel liegt direkt am Südeingang des Hügelparks und ist erste Adresse für eine stilvolle Einkehr. Der Küchenchef ist ambitioniert und bietet regionale Frische-Küche.

Königinnen und hochrangige Staatsgäste haben in den Festsälen des ehemaligen Krupp-Casinos bereits gespeist und dabei den Traumblick auf den Baldeneysee genossen. Ursprünglich war das Haus 1870 als Betriebskantine errichtet worden – für alle jene, die am Bau der Villa beteiligt waren.

■ **Parkhaus Hügel**
Freiherr-vom-Stein-Straße 209
45133 Essen
Tel.: 0201.471091
www.parkhaus-huegel.de

Öffnungszeiten:
täglich ab 12.00 Uhr

Sommerterrasse
unter schattigen
Kastanien

Siedlung Brandenbusch

Noch heute recht gut erhalten ist die Krupp'sche Siedlung Brandenbusch – ein architekturhistorisches Kleinod, das einen Streifzug durch die schmalen Sträßchen allemal wert ist. Wer die Villa Hügel von der nördlichen Zufahrt über die Haraldstraße anfährt, entdeckt die schönen Häuschen an der rechten Straßenseite. Alfred Krupp hatte diese „Colonie" als Wohnsiedlung ab 1895 für einen Teil des Hügelpersonals errichten lassen. Damit ist sie eine der wenigen Krupp-Siedlungen, die nicht für eine Werksbelegschaft errichtet wurde. Nach Plänen von Samuel Marx, seinerzeit Architekt der Krupp'schen Bauverwaltung Hügel, entstand die Siedlung in Anlehnung an den englischen Landhaus-Stil in Cottage-Bauweise: Kleine, höchstens zweigeschossige Häuser mit Fachwerk, Erkerchen, Rundbögen und Klinker-Verzierungen, die bis heute Inbegriff für Gemütlichkeit und Geborgenheit sind. Einige Sichtfachwerkhäuser stehen unter Denkmalschutz.

Krupp hatte sich bei den Plänen für diese Wohnsiedlung von den Ideen der englischen Gartenstadtbewegung inspirieren lassen. Im Stile eines harmonisch geschlossenen Dorfes entstanden bis 1897 insgesamt 34 Gebäude. Neben Wohnhäusern gehörten ein Logierhaus für zwei Dutzend Arbeiter, eine Dampfwäscherei, ein Spritzenhaus und eine Räucherkammer dazu. Allzu ländlich-dörflich sollte es nach dem Willen des Erbauers allerdings nicht zugehen. Denn anders als in den Arbeitersiedlungen wünschte er dort in unmittelbarer Nähe der Villa keine Ställe oder Gartenlauben, Gerüste, „häßlichen Wäschepfählen" und „häßlichen Beeteinfassungen".

Sein strenger Ordnungssinn zeigte sich auch bei der Vergabe der Häuser: Die größten wurden an jene Bediensteten vermietet, die in der Hügel-Hierarchie ganz oben standen. Lohnenswert ist auch ein Abstecher zu der kleinen evangelischen Kirche der Siedlung, die 1906 durch Unterstützung der Familie Krupp ebenfalls im Cottage-Stil errichtet wurde.

■ **Siedlung Brandenbusch**
Eckbertstraße/ Haraldstraße
45133 Essen-Bredeney

Evangelische Kirche Am Brandenbusch
Am Brandenbusch 6a, 45133 Essen-Bredeney
Infos: www.kirche-bredeney.de
Die Kirche ist nur zu Gottesdienstzeiten geöffnet:
sonntags 9.30–10.30 Uhr.

Siedlung Brandenbusch
Kirchenbänke mit dem Firmenzeichen der Familie Krupp

Krupp-Familienfriedhof

In der Krupp-Familiengrabanlage auf dem Städtischen Friedhof Bredeney nahe der Villa Hügel haben fast alle Mitglieder der Industriellen-Dynastie ihre letzte Ruhestätte gefunden. Hier wurden die Gräber und Grabplatten aller Angehörigen der Familie Krupp zusammengeführt, die vorher im Essener Stadtzentrum lagen. Dieser erste Krupp-Friedhof war bis 1955 Teil des Städtischen Friedhofes An der Freiheit südlich des Hauptbahnhofes. Neben Alfred Krupp und seiner Frau Bertha, deren Sohn Friedrich Alfred Krupp und seiner Frau Margarethe sowie den Ur-Enkeln Alfreds, Claus und Arnold von Bohlen und Halbach, waren dort Essener Persönlichkeiten wie der ehemalige Bürgermeister der Stadt Essen Erich Zweigert sowie die Industriellen Heinrich Arnold Huyssen und Friedrich Grillo beigesetzt worden. In den 1950er Jahren hatte der gesamte Friedhof weichen müssen, als die Stadt Essen im Zuge umfangreicher Baumaßnahmen die Verlegung der Trasse der heutigen A 40 dorthin plante.

Die Krupp-Familiengrabanlage auf dem Waldfriedhof Bredeney in der Nähe der Friedhofskapelle ist von dem öffentlichen Friedhofsteil abgetrennt, aber in der Regel jedermann zugänglich. Die Grabdenkmäler und Sarkophage sind nach dem jeweils herrschenden Zeitgeschmack monumental bis schlicht gehalten, alle aber zeugen vom Repräsentationswillen der Industriellenfamilie über den Tod hinaus.

Der zentrale, alles überragende schwarze Sarkophag mit den beiden trauernden Bronzefiguren ist das Grabmal von Alfred Krupp (1812–1887) – der eigentliche Krupp, wie er auch genannt wird. Der unermüdliche Firmenlenker und Patriarch hatte aus der kleinen, völlig verschuldeten Gussstahlfabrik seines Vaters Friedrich Krupp (1787–1826) den Weltkonzern Krupp geschaffen. Seine Beerdigung am 18. Juli 1887 in Essen hatte fast die Ausmaße eines Staatsbegräbnisses. Neben Prinz Heinrich von Reuß, der den damals 90-jährigen Kaiser vertrat, den beiden Regierungspräsidenten, hohen Beamten von Stadt und Land und Kollegen von der Industrie, nahmen auch die 12.000 Krupp-Arbeiter Abschied und standen beim feierlichen Leichenzug für Alfred Krupp vom Hügel in die Stadt am Straßenrand Spalier.

■ **Krupp-Familienfriedhof**
Friedhof Bredeney
Westerwaldstraße
45133 Essen

Ruhestätte von Friedrich Alfred Krupp (1854–1902)
Grabmal von Alfred Krupp (1812–1887)

Museum Folkwang

Krupp und das Museum Folkwang – diese Verbindung hat der Stadt Essen nicht nur zu überregional bedeutenden und viel besuchten Kunstausstellungen verholfen. Pünktlich zum Jahr als Kulturhauptstadt Europas 2010 hat sie der Stadt auch einen der schönsten Museumsneubauten Deutschlands beschert. Zugleich setzte sich mit der Eröffnung des Museums Folkwang eine lange Tradition privaten Mäzenatentums fort.

Bereits 1953 fand die erste große Kunstausstellung des Museums Folkwang in der Villa Hügel statt. 400.000 Besucher sahen die Ausstellung – ein Rekordergebnis sicher auch deshalb, weil der ehemalige Wohnsitz der Familie Krupp bei jener Gelegenheit zum ersten Mal für die Allgemeinheit zugänglich war. Auf Wunsch von Bertha Krupp von Bohlen und Halbach und auf Anregung von Berthold Beitz, seit 1953 Generalbevollmächtigter des Firmeninhabers Alfried Krupp, war die Villa zuvor in eine Stiftung eingebracht worden.

Das Jahr markiert den Beginn einer engen Kooperation, die Anfang des Jahres 2010 mit der Eröffnung des Neubaus für das Museum Folkwang ihre Vollendung erlebte. Möglich wurde dies durch eine mäzenatische Großtat des ersten Bürgers der Stadt Essen: Die Alfried Krupp von Bohlen und Halbach-Stiftung als alleinige Förderin hat auf Initiative ihres Kuratoriumsvorsitzenden Berthold Beitz für den Neubau die Summe von 55 Millionen bereitgestellt – als Geschenk an die Essener Bürger und als Andenken an Alfried Krupp, den letzten persönlichen Inhaber der Firma Krupp.

Konzipiert von dem Architekten David Chipperfield, war für die hochkarätigen Folkwang-Sammlungen innerhalb von nur zwei Jahren ein transparenter und einladender Neubau entstanden, der internationalen Maßstäben gerecht wird. Die Kombination aus Kuben und hellen Innenhöfen hat nicht nur die Essener begeistert: Mit 800.000 Besuchern, die die beiden großen Publikumsausstellungen im Eröffnungsjahr sahen, wurde das neue Museum Folkwang aus dem Stand das bekannteste Kunstmuseum Nordrhein-Westfalens.

Vor allem auf die Wirkung des natürlichen Lichts wurde viel Sorgfalt verwendet. Der „Sauerstoff der Bilder", so Museumsdirektor Hartwig Fischer bei der Eröffnung 2010, fällt über bodentiefe Seitenfenster, Lichtdecken und verglaste Innenhöfe ein, um die Kunstwerke zur Geltung zu bringen. Bei einem Rundgang auf ins-

Museum Folkwang

38
39

gesamt 7.000 Quadratmetern Ausstellungsfläche kann man im Neubau Kunst des 20. und 21. Jahrhunderts sowie Wechselausstellungen sehen. Mit dem Neubau verbunden ist der denkmalgeschützte und frisch restaurierte Altbau aus den 1960er Jahren, in dem die Sammlung mit Werken aus dem 19. Jahrhundert und der Klassischen Moderne präsentiert werden. Darunter bedeutende Gemälde von Paul Cézanne, Paul Gauguin, Vincent van Gogh und Henri Matisse, die einst der Kunstmäzen Karl Ernst Osthaus für sein 1902 in Hagen gegründetes Folkwang-Museum erworben hatte.

■ **Museum Folkwang**
Museumsplatz 1 (Navigation: Bismarckstraße 60)
45128 Essen
Tel.: 0201.8845 444
E-Mail: info@museum-folkwang.essen.de
www.museum-folkwang.de

Öffnungszeiten:
dienstags bis sonntags 10–18, freitags bis 22.30 Uhr,
montags geschlossen

Öffentliche Führungen
sonntags 14 Uhr (Sammlung) und
16 Uhr (Museumsarchitektur)
Gruppenführungen (auch fremdsprachig) auf Anfrage
Audioguide zur Sammlung und zu
aktuellen Sonderausstellungen

Raumflucht im Neubau des Museum Folkwang

Sammlung
19. und 20. Jahrhundert

19th and 20th Century
Collection

Vincent & Paul

Es zählt ohne Zweifel zu den kulinarischen Top-Adressen: das Restaurant Vincent & Paul im luftigen Neubau des Museums Folkwang in Essen. Euro-asiatische Kreationen des weit gereisten Münchner Patrons Frank Heppner stehen auf der Karte dieses feinen Gourmet-Tempels, der mit seinem klaren Ambiente eine erfrischend extravagante Note verströmt. Zeitgleich mit dem Museumsneubau Anfang des Jahres 2010 eröffnet, hat diese Welt gehobener Esskultur sofort unzählige Liebhaber gefunden – ob mittags beim Quick-Lunch oder beim abendlichen Gourmet-Essen.

■ **Vincent & Paul**
Restaurant im Museum Folkwang
Museumsplatz 1, 45128 Essen
Tel.: 0201.8845888
www.vincentpaul-folkwang.de

Öffnungszeiten:
dienstags bis sonntags 11.00–15.00 Uhr und 18.00–24.00 Uhr,
montags geschlossen

Vincent & Paul im
Museum Folkwang

Krupp's Fabrik

Bildpostkarte – Gruß aus der Kanonenstadt Essen / Krupp's Fabrik, um 1920

Geschichte, Gegenwart und Zukunft der ehemaligen Firma Fried. Krupp sind heute auf spektakuläre Weise am historischen Stammsitz vereint. Auf dem Gelände der ehemaligen Krupp-Stadt in Essen, wo seit 1818 Firmengeschichte geschrieben wird, ist das neue ThyssenKrupp Quartier entstanden. In einem Aufsehen erregenden Umzug ist die zentrale Konzernverwaltung im Jahr 2010 aus dem Düsseldorfer Dreischeibenhaus zurück in die Ruhrstadt gezogen und hat dort mit dem Q1 sein neues, futuristisches Headquarter bezogen. Damit ist das Unternehmen zu seinen historischen Wurzeln an die Altendorfer Straße zurückgekehrt – eine spektakuläre Heimkehr des größten deutschen Stahl- und Technologiekonzerns an die Stelle, wo alles begann. Dort, wo Friedrich Krupp 1818 die Gussstahlfabrik errichtete, beginnt für den Weltkonzern nun eine neue Etappe in der Unternehmensgeschichte. Damit schließt sich in der Stadt Essen symbolisch ein Kreis – pünktlich zum 200-jährigen Firmenjubiläum im Jahr 2011.

Am 20. November 1811 hatte Friedrich Krupp (1787–1826) mit dem ererbten Geld seiner Großmutter einen Schmelzbetrieb gegründet. Das Geschäftsziel seiner Firma Fried. Krupp war die „Verfertigung des Englischen Gussstahls" – ein anspruchsvolles Produkt, das durch Umschmelzen von Schmiedeeisen entstand und eine handwerkliche Kunst, die bislang nur von englischen Stahlkochern beherrscht wurde. Die erste kleine Fabrik errichtete er zusammen mit zwei Teilhabern auf dem Gelände einer alten Walkmühle in der sumpfigen Emscherniederung im Essener Norden. Das Unternehmen entpuppte sich bald als Fehlinvestition, nach kurzer Zeit wurde die Zusammenarbeit mit den Teilhabern juristisch beendet. Doch der junge Unternehmer Friedrich Krupp dachte nicht daran, aufzugeben: Im festen Glauben an den wirtschaftlichen Erfolg des Produktes wollte er aus den ersten Fehlern die Lehren ziehen, um die Gussstahlfabrikation zu forcieren.

1818 errichtete er westlich des Essener Stadttores eine neue Werkshalle für acht Schmelzöfen plus Aufseherhaus, das später als Stammhaus Krupp bekannt wurde. Zu dieser Zeit war Essen eine unbedeutende Kleinstadt mit 3.500 Einwohnern. Und wer behauptet hätte, dass sich dies durch die soeben gegründete kleine Gussstahlfabrik bald ändern würde, wäre sicher ausgelacht worden. Doch aus der unscheinbaren Werkstatt vor den Toren der Stadt wurde innerhalb eines halben Jahrhunderts das Werksgelände der Weltfirma Krupp und aus Essen eine Großstadt.

Die Keimzelle: Stammhaus und Giesshalle um 1819

Die Zeit bis zu dem frühen Tod von Friedrich Krupp brachte jedoch nicht den erhofften Durchbruch. Trotz schwieriger Anfänge und schmerzhafter finanzieller Krisen hatte der Industriepionier und Unternehmensgründer wichtige Grundlagen geschaffen, auf denen sein Sohn aufbauen konnte. Als Friedrich Krupp erst 39-jährig starb, übernahm sein ältester Sohn Alfred Krupp 1826 mit 14 Jahren die Leitung der hoch verschuldeten kleinen Fabrik mit sieben Mitarbeitern. Unterstützung erhielt er von seiner Mutter Therese, die bis zu Alfreds Volljährigkeit Alleineigentümerin der Firma blieb. Mit Beharrlichkeit, technischer Neugier bis hin zur Besessenheit und einem hohem Qualitätsanspruch konnte Alfred Krupp die Firma in quälend langen Jahren konsolidieren. 1836 beschäftigte die Firma 60 Mitarbeiter, die hauptsächlich Walzen aus Gussstahl produzierten. 1847 wurde die erste Gussstahlkanone hergestellt, brachte jedoch nicht den erhofften Verkaufserfolg.

Der entscheidende Durchbruch gelang um 1850 – eine Zeit rasanten Wachstums und wichtiger unternehmerischer Entwicklungen für die Firma Krupp, zugleich der Beginn des Zeitalters der Industrialisierung Deutschlands. Als bahnbrechend gilt bis heute Alfred Krupps Erfindung des nahtlos geschmiedeten und gewalzten Eisenbahnradreifens. In der Frühzeit des Eisenbahnwesens war es immer wieder zu schweren Unfällen gekommen, weil die zuvor nur zusammengeschweißten Radreifen an den Nahtstellen bei voller Fahrt häufig brachen. Krupp hatte 1850 mit Experimenten begonnen, um das Problem ein für allemal zu lösen. Im Jahr 1853 konnte er sich die Erfindung des nahtlosen Radreifens aus Krupp'schem Gussstahl patentieren lassen. Alfred Krupp selbst hat diese Erfindung zeitlebens als seine bedeutendste technische Leistung angesehen. Sie wurde die Basis des Firmenerfolgs. Später exportierte Krupp auch Eisenbahnschienen „made in Essen" in die ganze Welt. Bis 1912 wurden 2,7 Millionen Radreifen hergestellt – ein Qualitätsprodukt aus dem Hause Krupp, mit dem später sogar die Canadian Pacific Railroad in Übersee um Fahrgäste warb. In den drei aufeinander gelegten Ringen, die Alfred Krupp 1875 als Markenzeichen des Unternehmens eintragen ließ, waren jene Radreifen symbolisiert. Über 120 Jahre lang war das Drei-Ringe-Symbol das Logo der Firma Krupp. Es ist bis heute Bestandteil des Logos der ThyssenKrupp AG und Signet der Alfried Krupp von Bohlen und Halbach-Stiftung. Bis 1999 sind weltweit alle Erzeugnisse der Firma Krupp mit diesem Logo gekennzeichnet worden.

Die kleine Firma wuchs sprunghaft: Gehörten 1848 noch 74 Beschäftigte zur Firma, so waren es kurz vor der Jahrhundertwende im Essener Werk bereits 30.000. Ebenso sprunghaft wuchs das Firmengelände. Mit neuen Gebäuden für Verwaltung und Produktion, einem werkseigenen Verkehrsnetz mit Schienen und Straßen vergrößerte sich die Gesamtfläche der Gussstahlfabrik zwischen den Jahren 1861 und 1873 auf das Zwanzigfache – von 18 auf 360 Hektar. 1875 war die überdachte Fläche der Kruppstadt bereits so groß wie der gesamte Essener Stadtkern. 1912 nahm die Gussstahlfabrik fünf Quadratkilometer Fläche ein. Zu dieser Zeit war das Werk längst zu einer „Stadt in der Stadt" herangewachsen – übrigens parallel zur Entwicklung der Stadt Essen, die kurz vor der Jahrhundertwende auf 100.000 Einwohner angewachsen war.

1889 hatte der Essener Verleger Diedrich Baedeker seine Eindrücke von einem Besuch der Gusstahlfabrik in einem Buch veröffentlicht: „Schon der Wald von Schornsteinen, die unaufhörlich Rauchwolken in die Atmosphäre senden, die Wasserschächte und sonstigen Hochanlagen (...) sagen uns, dass wir es mit einem Werk von erstaunlichem räumlichem Umfange und von ganz ungewöhnlicher Ausdehnung zu thun haben, einer wahren Fabrik-Stadt." Nachzulesen waren auch Angaben über die Infrastruktur des Werkes: 44 Kilometer normalspurige und 29 Kilometer schmalspurige Werkseisenbahn, 80 Kilometer Telegraphen- und 140 Kilometer

Basis des Firmenerfolgs: der nahtlose Radreifen aus Krupp'schen Gussstahl

48
49

Telefonleitungen. Für die Produktion zählt er auf: 1.195 Öfen, 286 Dampfkessel, 21 Walzenstraßen, 370 Dampfmaschinen, 92 Dampfhämmer, 361 Kräne und 1.724 Werkzeugmaschinen, dazu werkseigene Wasserwerke und eine 64 Mann starke Berufsfeuerwehr. Was hinter den werkseigenen Mauern geschah, blieb Nicht-Kruppianern allerdings verborgen – die Gussstahlfabrik war ein eigener Kosmos in der Stadt Essen und nicht-öffentlicher Raum.

Inmitten immer neuer und größerer Produktionsanlagen wirkte die Keimzelle dieser „Fabrik-Stadt", das kleine Krupp'sche Stammhaus, wie ein Zwerg unter Riesen. 1818/19 ursprünglich als Aufseherhaus errichtet, diente es ab 1824 dem Unternehmensgründer Friedrich Krupp als Wohnhaus, nachdem er in wirtschaftliche Schwierigkeiten geraten war. In den folgenden 30 Jahren wurde es als Wohnhaus und Firmenzentrale genutzt, danach als Büro. Mit einem sicheren Gespür für Selbstinszenierung hatte Alfred Krupp das arg mitgenommene Stammhaus kurz vor Fertigstellung der Villa Hügel bis ins Detail instand setzen lassen und bestimmt, dass es als Symbol für die kleinen Anfänge der Firma dauerhaft erhalten bleiben sollte. Die herrschaftliche Villa und das bescheidene, zwischen Werkshallen und Bahnschienen eingeklemmte, zu dieser Zeit bereits völlig aus der Zeit gefallene Fachwerkshäuschen markierten die zwei Pole eines Menschen, der aus kleinsten Anfängen den Aufstieg zum Fabrikherr geschafft hatte. „Das kleine Haus soll gar keine geschäftliche Bestimmung haben", notierte er 1872. Vielmehr solle es dem „Zaghaften Mut geben und ihm Beharrlichkeit einflößen. Es möge warnen, das Geringste zu verachten und vor Hochmut bewahren." Fortan wurde das Stammhaus ein wichtiger Eckstein für den Mythos Krupp und zur öffentlichkeitswirksamen Ikone für den Aufstieg aus eigener Kraft, verewigt auf unzähligen Postkarten, Fotos und Urkunden. Noch in den 1960er Jahren war das Stammhaus Titelkopf der Krupp'schen Werkszeitschrift.

Der Erste Weltkrieg brachte der Firma Krupp umfangreiche Rüstungsaufträge. Das Unternehmen hatte bereits seit 1859 Geschütze für das preußische Heer produziert. Wenige Jahre später war ein russischer Großauftrag der Durchbruch für die Krupp'sche Rüstungssparte, wodurch sogar der Bau eines Schießplatzes neben der Fabrik erforderlich wurde. Als Alfred Krupp daraufhin von einer Zeitung „Kanonenkönig" genannt wurde, reagierte er nicht ohne Stolz. Die endgültige Anerkennung der Gussstahl-Kanonen

Das Stammhaus auf dem Gelände der Gussstahlfabrik um 1919

durch die preußische Militärbürokratie ließ nicht lange auf sich warten: Im Krieg Preußens gegen Frankreich 1870/71 waren es die Essener Kanonen, die gegen die Bronzegeschütze Napoleons III. den Ausschlag gaben. Infolgedessen weitete das Unternehmen die Rüstungssparte kontinuierlich aus, investierte in firmeneigene Konstruktionsbüros und Kanonenwerkstätten. Seit der Jahrhundertwende galt die prosperierende Industriestadt Essen als „Kanonenstadt". Während des Ersten Weltkriegs lieferte Krupp etwa ein Drittel aller in Deutschland hergestellten Kanonen.

Das Kriegsende bedeutete zunächst die Umstellung der Produktion und Krupp geriet vorübergehend in schwieriges Fahrwasser. Die auf dem Gelände vorhandenen Hallen wurden für neue Produkte wie Lokomotiven, Lastwagen und Landmaschinen umgenutzt.

Das Ende des Zweiten Weltkrieges bedeutete auch das weitgehende Ende der industriellen Produktion auf dem Krupp-Areal. Zwei Drittel des Werkes waren ganz oder teilweise durch Bomben zerstört. Viele der noch funktionstüchtigen Anlagen wurden als Reparationsleistungen ins Ausland gebracht oder demontiert. Nach 1945 erklärte Alfried Krupp von Bohlen und Halbach, der für den Ruf der Firma als Waffenschmiede anstelle seines Vaters von den Alliierten bis 1951 interniert worden war, dass die Firma Krupp nie wieder Kanonen produzieren werde. Dabei ist es bis heute geblieben.

Ab den 1950er Jahren entwickelte sich der Krupp-Konzern zu einem international orientierten Mischkonzern. Immer mehr Ge-

50
51

bäude auf dem Gelände der ehemaligen Gussstahlfabrik blieben leer, nach und nach fiel das gesamte Areal brach. Erst im Jahr 2000 wurde das Gelände aus seinem tiefen Dornröschenschlaf geweckt. Zu diesem Zeitpunkt befand sich das 230 Hektar große Gelände noch immer im Besitz des durch Fusion entstandenen Thyssen-Krupp Konzerns und war größte Liegenschaft des Unternehmens. Mit der Entwicklung eines städtebaulichen Leitbildes fiel der Startschuss für den so genannten Krupp-Gürtel – als Impuls für ein in Deutschland einzigartiges Stadtentwicklungsprojekt mit einer grünen Lunge, dem Krupp-Park.

2006 schließlich war im Konzern der Entschluss gereift, im Herzen des Krupp-Gürtels die neue ThyssenKrupp Konzernzentrale zu errichten. 2010 wurde das Q1 im neuen ThyssenKrupp Quartier feierlich eröffnet: Als Beginn einer neuen Epoche für den Thyssen-Krupp Konzern und historische Chance für die Stadt Essen, mitten in der Stadt ein neues, attraktives Viertel zu entwickeln.

Die 15.000-Tonnen-Schmiedepresse der
Essener Krupp-Werke, um 1929

TOUR 2: DIE FIRMA

**52
53**

Am besten beginnt man die Tour am Berliner Platz in der Essener Innenstadt. Dort biegt man in die Altendorfer Straße, an der sich alle Sehenswürdigkeiten bis zum Krupp-Park wie an einer Perlenkette aneinanderreihen. Die Straßeneinfahrt ist nicht zu übersehen. Eine schmale Gusseisenbrücke der Krupp'schen Werksbahn von 1872 markiert genau die Stelle, an der sich der historische Eingang auf das Werksgelände der Gussstahlfabrik befand. Die Brücke verbindet links die rote Backsteinhalle der 8. Mechanischen Werkstatt, in der Krupp ab 1901 Lokomotivrahmen und Kurbelwellen für Schiffe herstellte. Die Halle des ehemaligen Press- und Hammerwerkes auf der rechten Seite dient heute als Parkhaus der Firma IKEA.

*Bildpostkarte von 1907: Eingang zu Krupps Fabriken / Essen
Gleiche Stelle, 104 Jahre später: Blick vom Berliner Platz in die Altendorfer Straße*

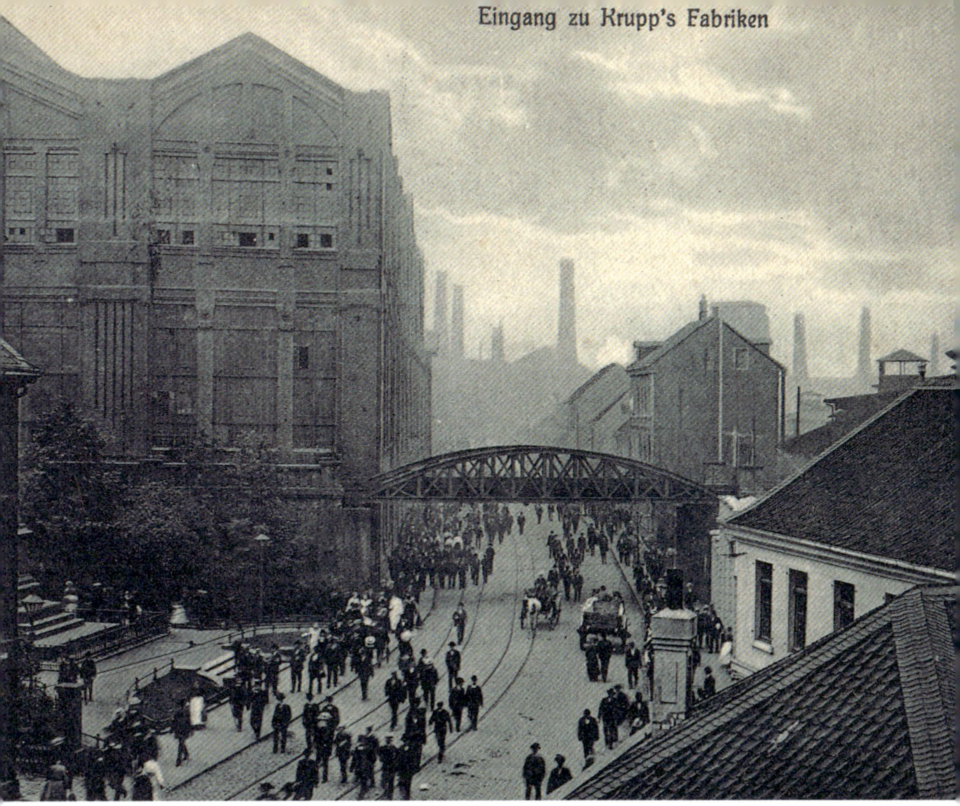
Eingang zu Krupp's Fabriken

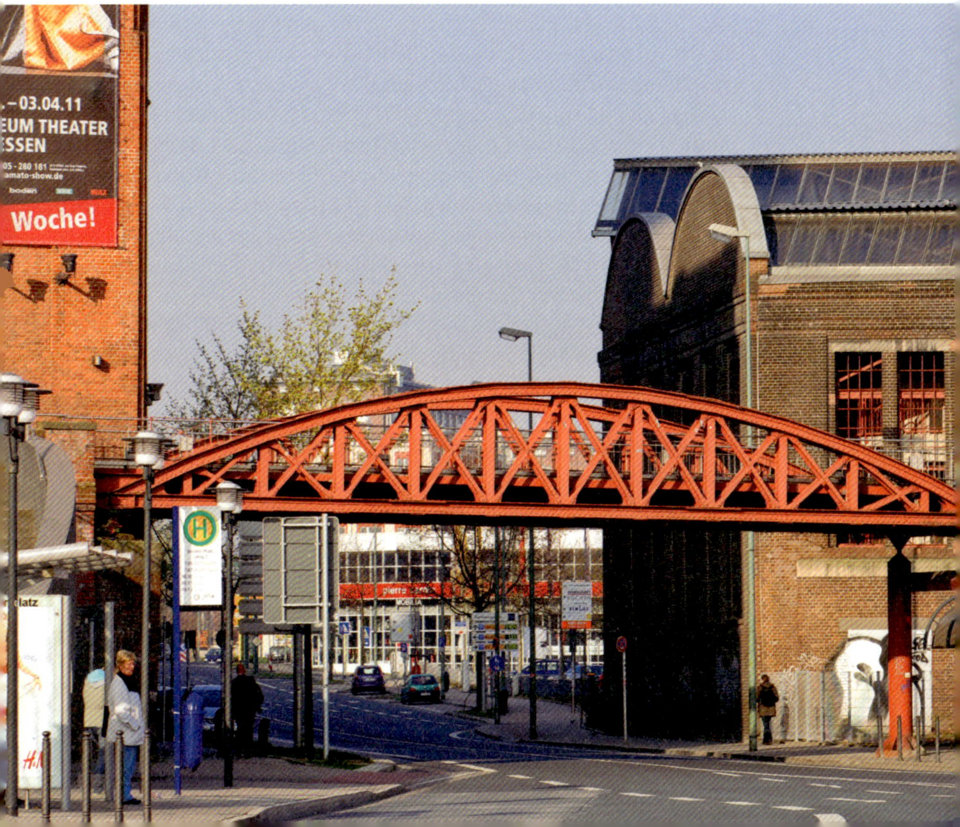
–03.04.11
EUM THEATER
SSEN
Woche!

Tiegelguss-Denkmal

54
55

Folgt man der Altendorfer Straße von der Stadtmitte kommend, entdeckt man auf der rechten Straßenseite das Tiegelguss-Denkmal. Mit seinen 22 Metern Länge ist das halbbogenförmige Monument nicht zu übersehen. Auch die Ästhetik mit ihrer martialischen Bildsprache aus den 1930er Jahren sticht ins Auge. Wie das Stammhaus Krupp, so hat auch der Standort des Tiegelguss-Denkmals einen unmittelbaren Bezug zur Unternehmensgeschichte. Denn nur etwa 100 Meter entfernt stand einst jene Werkshalle, in der der Krupp'sche Tiegelstahl hergestellt wurde.

Die gewaltige Reliefplastik zeigt auf mehreren Gussplatten Schlüsselszenen der Tiegelstahl-Produktion: links außen beginnend mit der Herstellung der Form über die Verflüssigung des Gussmaterials, dann das Vergießen, d. h. das Füllen der Form, das Herausnehmen des Gussstahls aus der Form bis hin zur Reinigung des rohen Gussstücks.

Friedrich Krupp hatte sich bei der Unternehmensgründung 1811 vorgenommen, die schwer durchschaubaren technischen Abläufe bei der Herstellung von Tiegelstahl zu entschlüsseln – jenem Stahl, der damals Gussstahl genannt wurde und Namen gebend für das Krupp'sche Werk wurde. Glaubte man damals noch an ein „Gussstahlgeheimnis" mit geheim gehaltenen Zusätzen, so erwies sich erst durch langwierige empirische Versuche und zunehmendes internes Firmen-Know-how, von welchen Einflüssen die Tiegelstahlproduktion tatsächlich abhing. Dieses Wissen konnte sich der Sohn des Unternehmensgründers, Alfred Krupp, im Jahr 1853 für die Produktion des nahtlos geschmiedeten Radreifens patentieren lassen – wertvolles Wissen, das den Grundstock für die rasante Erweiterung des Essener Gussstahlwerkes bildete.

So gesehen würdigt das Tiegelstahl-Denkmal jenes hochkomplexe Produktionsverfahren, das die Industriepioniere in jahrzehntelanger Grundlagenarbeit perfektionierten – eine unternehmerische und technikhistorische Meisterleistung, mit der die Firma Krupp um 1910 zum bedeutendsten Unternehmen der europäischen Stahlindustrie aufstieg.

■ **Tiegelgussdenkmal**
Altendorfer Straße, etwa in Höhe Nr. 52 hinter dem
Porsche Zentrum, 45143 Essen (Westviertel)

Szene aus dem Tiegelguss-Denkmal

Stammhaus Krupp

Größer könnte der Gegensatz nicht sein: In Sichtweite zu der neuen, futuristischen ThyssenKrupp-Konzernzentrale steht inmitten einer kleinen, parkartigen Grünanlage das Stammhaus Krupp. Das kleine Fachwerkhäuschen ist heute als Wahrzeichen für die Konzerngeschichte in den weitläufigen Campus des neuen Firmenquartiers eingebunden und die letzte architektonische Erinnerung an die bescheidenen Ursprünge der Firma Krupp. Dieses unscheinbare Haus ist die Keimzelle des späteren Weltkonzerns und zugleich das Geburtshaus des Mythos Krupp.

Den schlichten, einstöckigen Fachwerkbau hatte der Unternehmensgründer Friedrich Krupp 1818/19 ursprünglich als Aufseherhaus errichten lassen. Dahinter befand sich die erste und lange Zeit auch einzige Gussstahlwerkshalle der Firma Krupp – Ursprung jener Krupp-Stadt, in der später mehr als 100.000 Menschen arbeiteten. 1824 hatte Friedrich Krupp nach dem Verlust seines Vermögens sein Geburtshaus in der Essener Altstadt verlassen müssen und war in eben jenes Aufseherhaus neben der Fabrik gezogen – ein Zufluchtsort, dem die Familie emotional immer eng verbunden blieb. Nur zwei Jahre später wurde der Unternehmensgründer von hier aus zu Grabe getragen. In den folgenden 30 Jahren hatte sein Sohn Alfred Krupp, der 1848 Alleininhaber des Unternehmens wurde und die Firma zu Weltgeltung führte, das Stammhaus als Wohnhaus und Firmenzentrale genutzt. Später richtete dessen Sohn Friedrich Alfred Krupp das Stammhaus als Büro ein.

Alfred Krupp hatte 1873 zeitgleich mit der Fertigstellung der herrschaftlichen Villa Hügel verfügt, dass das Stammhaus Krupp als Symbol für die kleinen Anfänge der Firma dauerhaft erhalten bleiben sollte. Damit hatte der Industrielle auf dem Höhepunkt seiner Lebensleistung ein wichtiges Stück seiner Firmen- und Familiengeschichte konserviert und bewusst zu einem Symbol für den Aufstieg aus eigener Kraft inszeniert. Fortan war das Stammhaus als Bildmotiv viele Jahrzehnte lang fester Bestandteil der Krupp'schen Unternehmenskommunikation. Die tiefe innere Verbundenheit veranlasste Alfred Krupp sogar, den Grundriss des alten Stammhauses als Vorbild für die Errichtung firmeneigener Arbeiterwohnungen zu wählen. Nach seinem Tod 1887 wurde Alfred Krupp – wie schon sein Vater – im Stammhaus aufgebahrt. Auch Friedrich Alfred Krupp wurde 1902 von hier aus zu Grabe getragen.

Im Oktober 1944 wurde das Stammhaus auf dem Gelände der damaligen Gussstahlfabrik durch Luftangriffe völlig zerstört. An-

Lebendiger Mythos: das Stammhaus Krupp heute

lässlich des 150-jährigen Firmenjubiläums ist es 1960/61 nach alten Plänen originalgetreu nachgebaut worden, nur rund 30 Meter vom ursprünglichen Standort versetzt. Aus Anlass des 200-jährigen Firmenjubiläums im Jahr 2011 wird das Stammhaus von innen restauriert, um es künftig der Öffentlichkeit wieder zugänglich zu machen. Heute ist das Stammhaus Krupp Eigentum der Alfried Krupp von Bohlen und Halbach-Stiftung. Genau wie vor der Villa Hügel weht auch vor dem Stammhaus immer eine Fahne: das alte Krupp-Logo mit den drei schwarzen Ringen auf weißem Grund.

■ Stammhaus Krupp
Altendorfer Str. 100
45143 Essen (Westviertel)

Es war einmal: die Keimzelle der Krupp'schen Gussstahlfabrik ist heute eine grüne Insel

Q1 – das ThyssenKrupp Headquarter

Q1 – dieses Kürzel steht für das Herz des neuen ThyssenKrupp Quartiers, das Headquarter. Die nicht nur für Architekturfans sehenswerte Konzernzentrale ist 2010 eingeweiht worden. Mit der feierlichen Eröffnung hat ThyssenKrupp in Essen ein ganz neues Kapitel der Unternehmensgeschichte aufgeschlagen. Das Q1 ist Ankerbauwerk für die künftige Entwicklung des weltweit tätigen Industriekonzerns am historischen Firmenstandort, ausdrückliches Bekenntnis zur Zukunft des Wirtschaftsstandortes Ruhrgebiet und Symbol für die Verbundenheit des Unternehmens mit seinen Wurzeln in Stadt und Region.

Dem in jeder Hinsicht einmaligen Bau liegt ein gemeinsamer Entwurf der ARGE Architekten TKQ, JSWD Architekten und Chaix & Morel et associés zugrunde. Das Team hatte sich unter 105 Teilnehmern eines international ausgelobten Architekturwettbewerbs durchsetzen können. Rund um das Q1 entsteht diesmal keine „Stadt in der Stadt", wie es die ehemalige Krupp'sche Gussstahlfabrik gewesen ist, sondern ein zu allen Seiten hin offener Firmencampus.

Offenheit und Transparenz kennzeichnen auch das kubusförmige Q1 mit seinen beiden jeweils mehr als 700 Quadratmeter großen Panoramafenstern. 500 Mitarbeiter haben in diesem lichtdurchfluteten Gebäude ihren neuen Arbeitsplatz gefunden. Mit seiner Gesamthöhe von 50 Metern und seiner markanten Form am Ende einer zentralen Achse mit dem großen Wasserbecken zieht das Q1 alle Blicke auf sich. Verstärkt wird die Wasserachse durch eine 235 Meter lange „Allee der Welten" mit insgesamt 68 neu gepflanzten Bäumen: 15 Baumarten aus fünf Kontinenten schlagen dort Wurzeln. Die Baumallee säumt den zentralen Fußweg von der Altendorfer Straße zum Q1 – für einen Spaziergang über den Campus kann man ihr deshalb einfach folgen.

Für die Architekten hat der Umgang mit Material und Konstruktion des Q1 eine herausragende Rolle gespielt. Fast die Hälfte der für den Bau eingesetzten Werkstoffe und Produkte stammt von ThyssenKrupp, beispielsweise die High-Tech-Aufzüge und Fahrtreppen. Auch für den Sonnenschutz von insgesamt 8.000 Quadratmetern Fassadenfläche sind ausnahmslos Edelstahlprodukte des Konzerns verwendet worden. Rund 400.000 Edelstahl-Lamellen von ThyssenKrupp Nirosta richten sich automatisch nach dem Stand der Sonne aus – ein weltweit einzigartiges System. Auf diese Weise ist in enger Zusammenarbeit von Architekten und Thyssen-

Krupp als Bauherr auch ein hochmoderner showroom entstanden, ein Musterbau für technisch innovative Lösungen „made by ThyssenKrupp".

Wegweisend zeigt sich auch der Umgang mit natürlichen Ressourcen. So setzt das ThyssenKrupp Quartier auf die geothermische Nutzung der im Erdreich gespeicherten Wärme und Kälte mittels Energiesonden. Die geothermische Anlage ist nicht nur in der Lage, die Gebäude zu beheizen bzw. zu kühlen, es können auch jahreszeitliche Wärme- bzw. Kälteüberschüsse im Erdreich saisonal gespeichert werden. Auf diese Weise verbrauchen die Gebäude 20 bis 30 Prozent weniger Primärenergie als gesetzlich vorgegeben. Die Deutsche Gesellschaft für Nachhaltiges Bauen hat das Q1 mit dem Deutschen Gütesiegel Nachhaltiges Bauen in Gold ausgezeichnet.

Ebenfalls zu dem insgesamt 17 Hektar großen ThyssenKrupp Quartier gehören die Bestandsgebäude Altendorfer Straße 120, jetzt Q4 genannt, und die ehemalige Krupp Hauptverwaltung an der Altendorfer Straße 103. In dem neuen Quartier sind nun die sieben Verwaltungssitze des Konzerns konzentriert. Die einzelnen Gebäude sind durch kurze Wege und kleine Plätze verbunden. Insgesamt haben damit in der ersten Ausbaustufe rund 2.000 Menschen im Quartier ihren Arbeitsplatz.

Q1 – ThyssenKrupp Headquarter
ThyssenKrupp AG
ThyssenKrupp Allee 1
Navigation: Altendorfer Straße 120
45143 Essen
www.thyssenkrupp.com/quartier/

TOUR 2: DIE FIRMA
Von der Gussstahlfabrik zum ThyssenKrupp Quartier
S e h e n s w e r t

Neuanfang am historischen Standort: die ThyssenKrupp-Konzernzentrale „Q1"

Krupp-Park und Rheinische Bahn

64
65

W o früher Schlote qualmten, Kanonen und Schienen produziert wurden, kann man heute Fahrrad fahren oder spa-
zieren gehen. Der neue Krupp-Park zwischen dem ThyssenKrupp
Quartier und dem Stadtteil Altendorf ist ein Freizeitpark für alle.
Zwischen gewundenen Wegen und sanften Hügeln entdeckt man
Liegewiesen und Sitzbänke, Kinderspielplätze, einen Skate-Par-
cours, Basketball-, Fußball- und Beachvolleyballfelder. Mittelpunkt
ist der Krupp-See, der übrigens mit Regenwasser von den Dach-
flächen aus dem ThyssenKrupp Campus gespeist wird.

Einen guten Überblick bietet eine Radtour rund um den See.
Am nördlichen Parkrand führen vier neue Rampen auf die Rheinische Bahn. Die hochgelegene ehemalige Bahntrasse wird nach
und nach zu einem kombinierten Fuß- und Radweg ausgebaut, ein
sechs Kilometer langes Teilstück ist von dort aus seit 2010 befahr-
bar. Richtung Osten gelangt man bis zum Berliner Platz in der Essener Stadtmitte, wo sich einst der Haupteingang in die Krupp'sche
Gussstahlfabrik befand. In westlicher Richtung führt die Trasse
entlang des Krupp-Parks über Altendorf bis zum Borbecker Müh-
lenbach an der Stadtgrenze zu Mülheim an der Ruhr. Das Besondere: Über knapp ein Dutzend teils historischer Brückenbauwerke
lässt sich die Strecke sicher, bequem und kreuzungsfrei zurückle-
gen – hoher Fahrkomfort ist garantiert. Wer über entsprechende
Ausdauer verfügt, kann an den Endpunkten dieser Bahntrasse auf
bereits vorhandenen Rad- und Wanderwegen bis ins Ruhrtal oder
in den Emscher Landschaftspark weiterfahren.

Die historische Güterbahn-Trasse war ab 1862 von der Rheinischen Eisenbahn-Gesellschaft als Ost-West-Verbindung gebaut
worden, um die Steinkohlezechen und Stahlwerke im boomenden
Ruhrgebiet an das rechtsrheinische Güterbahnnetz anzubinden.
Die erste Strecke der Rheinischen Bahn führte damals von Duisburg-Rheinhausen bis zum ehemaligen Bahnhof Essen-Nord. Die
Krupp'sche Gussstahlfabrik war mit der firmeneigenen Werksbahn
angeschlossen. In einigen Jahren soll die insgesamt 21 Kilometer
lange Trasse der Rheinischen Bahn komplett in einen Radweg um-
gebaut sein und das Essener Universitäts-Viertel über den Krupp-
Gürtel mit der Uni Duisburg verbinden.

Frisch saniert: Die genietete Stahlbogenbrücke der Rheinischen Bahn

■ **Krupp-Park**
zwischen Altendorfer Straße,
Berthold-Beitz-Boulevard und Pferdebahnstraße
45143 Essen (Westviertel)

Rheinische Bahn
Einstiegsrampen am Krupp-Park
Höhe Berthold-Beitz-Boulevard / Pferdebahnstraße
45143 Essen (Westviertel)

Mongo's Restaurant

66
67

Das muss ein spezielles Völkchen gewesen sein, diese Mongolen. Jedenfalls sind die kriegerischen Nomaden wohl zu Hunderttausenden über den asiatisch-europäischen Kontinent geritten und haben alles verspeist, was sich bei den Streifzügen finden ließ. Gegart wurde der Legende nach auf Schilden über dem Feuer – das „Mongolian Barbecue" war geboren.

„Asiatisch mal ganz anders" ist heute das erfolgreiche Motto im Mongo's Restaurant und bedeutet so viel, dass der Gast dort sein eigener Küchenchef sein darf: Man stellt am Büffet das Passende zusammen und bringt es dann zum Koch, der es auf einer heißen Platte schnell und schonend zubereitet. Sobald die Schüssel leer ist, beginnt das leckere Spiel übrigens von Neuem.

Ob die Mongolen wirklich so gegessen haben, wie es im Mongo's Programm ist, darf gewiss bezweifelt werden. Fakt ist jedenfalls, dass sich dieses asiatische Restaurant in einem historischen Gemäuer der ehemaligen Gussstahlfabrik befindet. Der dunkelrote, schlichte Backsteinbau aus dem Jahr 1873 war die ehemalige Geschossdreherei und ist das einzige noch erhaltene Gebäude der Krupp'schen Fabrik, das zu Lebzeiten Alfred Krupps errichtet wurde. Es steht unter Denkmalschutz und wird seit 1998 nach umfassender Sanierung neu genutzt. Auch das Zentrum für Türkeistudien hat hier seinen Sitz.

■ **Mongo's Restaurant**
Altendorfer Straße 3a
45127 Essen
Tel.: 0201.1095986
www.mongos.de

Öffnungszeiten:
sonntags bis donnerstags 17.00–00.00, Küche bis 22.30 Uhr
freitags und samstags 16.00–01.00 / Küche bis 23.30 Uhr

„Mongolian Barbecue" in der ehemaligen Geschossdreherei

TOUR 3: **DIE KOLONIEN**
Schöner Wohnen für Kruppianer

Die Gartenvorstadt Margarethenhöhe – Kunstbeilage des Essener Verkehrsvereins, 1912

Geschwungene Giebel und Laubengänge, gemütliche Erker und Holzfensterläden – dies sind geradezu märchenhafte Zutaten einer Siedlung, die heute zu den bedeutendsten Gartenstädten Europas zählt. In den Jahren 1909 bis 1938 von dem Reformarchitekten Georg Metzendorf erbaut, machte die Siedlung Margarethenhöhe als Beispiel für menschenfreundliches Wohnen von Beginn an Schlagzeilen. Von überall her reisten zeitgenössische Architekten und Städteplaner an, um das „gebaute Experiment" für humanen Wohnungsbau zu besichtigen. Wer die Siedlung mehr als einhundert Jahre nach ihrer Gründung besucht, der findet nicht nur eine dörfliche Ansammlung charmanter Häuschen, sondern den Höhepunkt des Krupp'schen Wohnungsbaus. Bauherrin und Namensgeberin dieser malerischen Wohnwelt war Margarethe Krupp (1854–1931), die die Siedlung Margarethenhöhe im Jahr 1906 anlässlich der Hochzeit ihrer Tochter Bertha aus ihrem Privatvermögen stiftete.

Die Wohnungsfrage war im Zuge der industriellen Expansion der Gründerjahre eine entscheidende Aufgabe geworden, sozialpolitisch wie auch baukünstlerisch. Für Krupp war sie keineswegs nur Teil einer unternehmerischen Strategie, sondern entwickelte sich vom werkseigenen Wohnungsbauprogramm zu einer Form der Unternehmenskultur. Mit der Reformsiedlung Margarethenhöhe am Unternehmenssitz in Essen hatte die Krupp'sche Wohnungsfürsorge den Höhepunkt erreicht.

Bereits 1856 hatte Alfred Krupp (1812–1887) als größter Arbeitgeber der Stadt Essen auf die damals herrschende Wohnungsnot für den so genannten „vierten Stand" reagiert und ein erstes Wohnheim für 200 Arbeiter gebaut: eine Art Kaserne mit Speise- und Schlafhaus für unverheiratete Männer – und strenger Hausordnung. Doch diese „Arbeiter-Menage" reichte schon bald nicht mehr aus, da die Gussstahlfabrik rasant wuchs. Allein zwischen 1861 und 1865 stieg die Zahl der Krupp-Arbeiter fast um das Vierfache.

In dieser Zeit suchten Abertausende im boomenden Industrierevier Ruhrgebiet Arbeit und Unterkunft, ein Heim und eine neue Heimat. In der großen Einwanderungswelle zwischen 1852 und 1925 wuchs die Bevölkerung von 375.000 auf fast 4 Millionen Menschen. Viele Zuwanderer kamen aus ländlichen Gebieten.

Da sich in Essen eine Wohnungsnot anbahnte, brachte Alfred Krupp 1861 ein umfangreiches Wohnungsbauprogramm für

Großer Bahnhof: Kaiser Wilhelm II. besucht 1912 zur 100-Jahr-Feier der Firma Krupp die Gartenvorstadt Margarethenhöhe, begleitet von Gustav Krupp von Bohlen und Halbach und dem Architekten Georg Metzendorf (v.l.n.r.).

seine Arbeitskräfte auf den Weg. Bis dahin hatte er noch Wohnungen in der Stadt Essen gekauft und angemietet, in denen allerdings bald Überfüllung herrschte. In der ersten Bauphase entstanden 1861/1862 für „die treuesten Kruppianer" zunächst zehn Meisterhäuser in unmittelbarer Werksnähe, um die leitenden Angestellten bei Bedarf schnell ins Werk holen zu können. Als Vorbild diente übrigens der Grundriss des Krupp'schen Stammhauses auf dem Werksgelände, in dem der Unternehmer jahrzehntelang selbst mit seiner Familie gewohnt hatte.

Um Wohnraum für die steigende Zahl von Arbeitern zu schaffen, gründete Alfred Krupp 1863 ein firmeninternes Baubüro. Unter Leitung des Architekten Gustav Kraemer entstand in nur drei Monaten am Rande des Fabrikgeländes mit der Arbeiterkolonie Westend die erste Krupp'sche Werkssiedlung mit insgesamt 136 schlichten und preiswerten Mietwohnungen in neun Häuserblocks. Bis 1874 kamen in Essen noch vier weitere Krupp-Arbeiterkolonien mit insgesamt 2.500 Wohnungen hinzu.

Als letzte wurde unter Alfred Krupp die Arbeiterkolonie Kronenberg gebaut, die sich zu seinem größten Wohnungsbauprojekt entwickelte. Die Wohnsiedlung auf dem 19 Hektar großen Grundstück westlich der Gussstahlfabrik war als komplett selbstständiger

72
73

Ort für 8.000 Menschen geplant. Angelegt in nüchterner Zeilenbauweise, boten die 220 dreigeschossigen Häuser Raum für 1.500
Mietswohnungen mit unterschiedlichen Zuschnitten, hinzu kamen Gärten und Bleichplätze. Die Infrastruktur komplettierte das
Krupp'sche Baubüro mit zentralen Freizeit- und Gemeinschaftseinrichtungen: Park und Marktplatz, Konsumanstalt, ein Veran-
staltungssaal mitsamt Theaterbühne und firmeneigener Bierhalle,
Poststelle, Apotheke sowie zwei Schulen, die ebenfalls unter
Krupp'scher Trägerschaft standen. Von den Meisterhäusern wie
auch von den Werkssiedlungen dieser ersten Bauphase ist bis
heute nahezu nichts mehr erhalten.

Als die Firma ab 1874 in der großen Finanz- und Wirtschafts-
krise fast Bankrott war, kam der Krupp'sche Wohnungsbau zum
Stillstand. Erst nach dem Tod von Alfred Krupp konnte sein Sohn
Friedrich Alfred Krupp (1854–1902) den betrieblichen Wohnungsbau fortführen: Um 1900 wohnte bereits jeder achte Essener Bürger in einem Krupp'schen Wohnhaus. Dennoch gelang es nicht,
den Bedarf zu decken und mit der Expansion der Gussstahlfabrik
Schritt zu halten. Tausende Arbeiter wohnten um 1914 noch
immer in den Kost- und Logierhäusern der Firma, obwohl Krupp
zu dieser Zeit bereits 12.000 Werksfamilienwohnungen besaß.
In der zweiten großen Wohnungsbauwelle entstand ab 1891 unter
dem neuen Leiter des Krupp'schen Baubüros, Robert Schmohl
(1855–1944), eine Reihe weiterer Siedlungen. Vor allem unter bau-
künstlerischen Aspekten leiteten die Siedlungen Altenhof (ab 1892)
und Alfredshof (ab 1894) in Essen, Margarethenhof (ab 1903) in
Duisburg-Rheinhausen sowie die Siedlung „Dahlhauser Heide"
(ab 1907) in Bochum-Hordel eine neue Ära im Krupp'schen Wohnungsbau ein. Die bislang eher reizlosen Mietskasernen und
schlichten Barackensiedlungen wurden abgelöst von Einfamilien-
häusern im heimeligen „Cottage-Stil", angelegt in großzügigen,
parkähnlichen Siedlungen. Manches davon kann als Vorläufer der
deutschen Gartenstadtbewegung noch heute im Ruhrgebiet besichtigt werden.

Der Engländer Ebenezer Howard (1850–1928) hatte 1902 mit
seinem Buch „Garden Cities of Tomorrow" die Grundlage für
eine gartenstädtische Bebauung geschaffen. Die Reformidee fiel im
boomenden Ruhrgebiet auf fruchtbaren Boden, wo sich die Frage
nach zweckmäßigen Siedlungen und nach Schaffung einer neuen
Heimat für zehntausende entwurzelte Industriearbeiter Anfang des

1863 entstand in Essen die Siedlung Westend als erste Krupp'sche Arbeiterkolonie, hier kurz vor dem Abriss 1914

Märchenhaftes Kleinod: Die Siedlung Brandenbusch für das Hügelpersonal, 1906

74
75

20. Jahrhunderts in ganz besonderem Maße stellte – übrigens nicht nur für Krupp, sondern auch für andere großindustrielle Unternehmer. Außerdem gab es wegen der ländlichen Struktur des Ruhrgebiets genügend Flächen.

Nach dem Tod von Friedrich Alfred Krupp setzte seine Witwe Margarethe Krupp die Krupp'sche Wohnungsbaupolitik fort. Prominentestes Beispiel sollte die Essener Siedlung Margarethenhöhe werden, die man als mustergültige Antwort auf die damals üblichen Mietskasernen verstand. Anlässlich der Heirat ihrer Tochter Bertha Krupp mit dem Diplomaten Gustav von Bohlen und Halbach gründete Margarethe Krupp im Jahr 1906 die Margarethe-Krupp-Stiftung für Wohnungsfürsorge, ausgestattet mit einem 50 Hektar großen Gelände und einer Million Reichsmark aus ihrem Privatvermögen zur Errichtung von Wohnhäusern für 12.000 Einwohner.

Für die Planung der „Gartenvorstadt Margarethenhöhe" wurde 1908 der Reformarchitekt Georg Metzendorf (1874–1934) beauftragt. Nach einem reichsweiten Auswahlverfahren hatte man sich bewusst für diesen erst 33 Jahre jungen Mann aus Hessen entschieden, der sich als Mitglied des Deutschen Werkbundes in Darmstadt mit sozialhumanen Lösungen im Städtebau beschäftigte. Qualifiziert hatte sich Metzendorf durch ein von ihm entwickeltes Musterhaus für modernes und kostengünstiges Wohnen – eine Idee, die man in Essen begeistert aufgriff. Schließlich war es der ausdrückliche Wunsch der Stifterin Margarethe Krupp, eine Wohnsiedlung „für die minderbemittelten Klassen" zu errichten. Dieses Angebot richtete sich übrigens nicht nur an Kruppianer, sondern zum ersten Mal an alle Essener Bürger, die sich kein Eigentum leisten konnten: an Arbeiter, Angestellte und auch Beamte.

Die Reformbauten von Metzendorf punkteten dank energieeffizienter Koch- und Zentralheizungsanlagen, WC und Badewanne mit ungewöhnlichem Komfort. Nach diesem innovativen Vorbild baute der Architekt die gesamte Essener Margarethenhöhe. Es sollte seine Lebensaufgabe werden, beginnend mit dem städtebaulichen Entwurf über die Ausführung der Häuser bis zur Gestaltung der Wohnungseinrichtung. Durch einen Regierungserlass von allen Bauvorschriften befreit, konnte er die Siedlung nach ganz neuen Maßstäben planen. Von 1909 an entstand in 29 Bauabschnitten ein unverwechselbares Gesamtkunstwerk, mit dem Metzendorf in der Fachwelt rasch internationale Anerkennung fand.

Neben der Wohnungsfürsorge baute das Unternehmen Krupp auch die Sozialfürsorge für seine Fabrikarbeiter und ihre Familien aus: Wohlfahrtsunternehmungen, die deren Begründer Alfred Krupp schlicht als „einen Akt der Nützlichkeit und Nächstenliebe" bezeichnete. Als die staatliche Sozialpolitik noch in den Anfängen steckte, führte Krupp bereits Leistungen wie Arbeiterpensions- und Unterstützungskassen sowie eine betriebliche Krankenkasse ein. Wohlfahrtseinrichtungen wie Kranken- und Erholungshäuser, Zahnklinik, Wöchnerinnenheim und Kurkliniken, Einrichtungen zur Altenpflege sowie die großbetrieblich aufgezogene Konsuman-stalt, in der Werksangehörige Lebensmittel und Produkte des täglichen Gebrauchs zu vergünstigten Preisen erhielten, rundeten die Sozialfürsorge des Unternehmens ab. Dazu kam ein ausgepräg-ter Bildungsgedanke, der sich in Gründung und Unterhaltung von Schulen und Bücherhallen niederschlug, sowie ein auffallendes Stiftungswesen. „Der Zweck der Arbeit soll das Gemeinwohl sein" – diesen Leitspruch Alfred Krupps hat das Unternehmen sehr ernst gemeint und zu einem immer weiteren Ausbau der betrieblichen Sozialeinrichtungen angeregt. Generationen von Beschäftigten fühlten sich als Teil einer starken Solidargemeinschaft und waren stolz, „Kruppianer" zu sein.

Wegweisende Sozialfürsorge: Krupp-Krankenhaus in Essen um 1910

TOUR 3: DIE KOLONIEN

Für die Firma Krupp war der Wohnungs- und Siedlungsbau kein notwendiges Übel, um Arbeitern und Angestellten ein Dach über dem Kopf zu bieten. Vielmehr war der Alltag jenseits der Werkstore Teil einer vorbildlichen unternehmerischen Sozialpolitik, für die Krupp bis heute bekannt ist. Die Gartenstadtsiedlungen, ab 1900 vom Krupp'schen Baubüro zunächst für die Stammbelegschaften der Stahlwerke errichtet, galten in der internationalen Fachwelt von Beginn an als beispielhafte städtebauliche Lösungen. Auch bei den Mietern fand die moderne Reformarchitektur großen Anklang – vor allem, da man ihr den seriellen Charakter und die Entstehung am Reißbrett nicht anmerkte. Noch immer zählt die Vorzeigesiedlung Margarethenhöhe zu den beliebtesten Essener Wohnvierteln mit langen Wartelisten. Inzwischen ist das denkmalgeschützte Ensemble eine prominente touristische Sehenswürdigkeit, was manchen Bewohner mit ungläubigem Stolz erfüllt. Aber auch weniger bekannte Krupp-Siedlungen lohnen einen Abstecher in die nahe Umgebung.

Romantik pur: Haustür in der Siedlung Margarethenhöhe

Gartenstadt Margarethenhöhe

78
79

I m stillen Winkel, Schön gelegen oder Daheim – Straßennamen wie diese klingen nach Romantik und dörflicher Idylle. Und tatsächlich: Bis heute ist die Gartenstadt Margarethenhöhe ein Wohnparadies – und doch mitten in der Stadt. Vor allem für Familien mit Kindern zählt die von den Bewohnern liebevoll „Maggihöhe" genannte Siedlung zu den bevorzugten Essener Wohngegenden. Ihren dörflichen und städtebaulich geschlossenen Charakter hat sie bis heute bewahrt. In den Jahren 1909–1934/38 von dem Reformarchitekten Georg Metzendorf ursprünglich „für die minderbemittelten Klassen" erbaut, ist sie als Vorzeigesiedlung für sozialhumanes Bauen inzwischen auch eine touristische Sehenswürdigkeit.

Einen Spaziergang durch den seit 1987 denkmalgeschützten alten Teil der Margarethenhöhe beginnt man am besten am Brückenkopf, dem künstlerisch gestalteten Stadteingang an der Steilen Straße. Von hier aus gelangt man direkt in das repräsentative Zentrum.

Der „Kleine Markt" gilt als eine der schönsten Platzanlagen des Ruhrgebiets. In dem denkmalgerecht sanierten „Gasthaus zur Margarethenhöhe" aus dem Jahr 1911 befindet sich übrigens noch heute das frühere Sitzungszimmer der Margarethe Krupp-Stiftung für Wohnungsfürsorge (siehe Seite 84/85). 1906 von Margarethe Krupp (1854–1931) nach dem Tod von Friedrich Alfred Krupp († 1902) gegründet, betreut die Stiftung heute annähernd 1.000 Häuser. Darunter auch die „neue" Margarethenhöhe, ab 1962 in eher schmuckloser Zeilenbauweise errichtet.

In der Mitte des historischen Platzes entdeckt man den „Schatzgräberbrunnen" des Bildhauers Josef Enseling, den die Stadt 1912 zu Ehren der Stifterin errichten ließ. Die Konsumanstalt an der Stirnseite mit dem imposanten Säuleneingang war den Krupp'schen Werksangehörigen vorbehalten. Als schönes Beispiel Krupp'scher Wohlfahrtsgeschichte wurde das Gebäude vor einigen Jahren aufwändig saniert und dient heute als Supermarkt – für jedermann.

Von hier aus sollte man die Gelegenheit nutzen, einfach mal durch ein paar Sträßchen zu streifen, um ein Gespür für das Merkmal dieser Vorzeigesiedlung zu bekommen. Der verträumten Gartenstadt liegt nämlich ein moderner, durch und durch rationaler Plan zugrunde. Um kostengünstig bauen zu können, hatte Georg Metzendorf einen typisierten Hausgrundriss entwickelt, auf dessen Grundlage er sämtliche Häuser errichten ließ. Der Vorteil: In einer Art Baukastensystem konnten die einzelnen Elemente für Ein-,

Zwei- oder auch Vierfamilienhäuser immer wieder neu kombiniert werden. Für die Innenausstattung verwendete er in Serie hergestellte Bauteile wie Treppen oder Innentüren. Dennoch sieht man den Häusern die Typisierung und Normierung nicht an, da jedes Haus von außen anders gestaltet ist – bis hin zur Haustür.

Auch für die Inneneinrichtung entwickelte Metzendorf Typenmöbel, die auf den einmal festgelegten Mustergrundriss abgestimmt waren. Die schön-schlichten Fabrikmöbel waren preiswert und für die damaligen Mieter erschwinglich. Insgesamt konnte Metzendorf beim Bau der Margarethenhöhe durch seine technisch-praktische Verfahrensweise mehr als ein Viertel der Kosten gegenüber dem normalen Geschoßwohnungsbau in der Stadt Essen einsparen. Einen Eindruck von dem innovativen Innenleben eines Original-Hauses kann man sich bei einer Besichtigung der Musterwohnung in der Stensstraße 25 machen.

In den 1920er und 30er Jahren gab es auf der Margarethenhöhe auch eine kleine Künstlerkolonie, zu der auch der Fotograf Albert Renger-Patzsch gehörte. Sie war auf Initiative von Georg Metzendorf entstanden, der selbst Mitglied des Deutschen Werkbundes und ein Förderer der von Karl Ernst Osthaus propagierten „Folkwang Idee" war. Gefördert durch Margarethe Krupp, die Stiftung sowie die Essener Stadtverwaltung, entstanden zwei Atelierhäuser und ein Werkhaus. Die 1925 gegründete „Keramische Werkstatt Margaretenhöhe" ist 1933 auf die Zeche Zollverein umgezogen, wo sie noch heute existiert.

■ **Margarethenhöhe**
Steile Straße (Hauptzugang) / Kleiner Markt
45149 Essen-Margarethenhöhe
mittwochs und samstags Wochenmarkt

Auf Anfrage:
Architektur- und kulturhistorische Führungen
mit Besuch der historischen Musterwohnung
Stensstraße 25
45149 Essen-Margarethenhöhe

Kontakt:
Ruhr Museum
Tel.: 0201.884520-0
www.ruhrmuseum.de

Wie aus einer anderen Welt: Szene in der Essener Margarethenhöhe

Halbachhammer

Wer schon immer einmal wissen wollte, wie eigentlich im Mittelalter Eisen geschmiedet wurde, der sollte dem Halbachhammer einen Besuch abstatten. Die historische Schmiede aus dem Siegerland hatte Gustav Krupp von Bohlen und Halbach 1914 in den Waldpark der Siedlung Margarethenhöhe umsetzen lassen. Seit 1935 ist die frühindustrielle Eisenwerkstatt wieder in Betrieb – bei Schauvorführungen mit viel Funkenflug und Hämmergetöse.

■ **Halbachhammer**
Fulerumer Str. 11, 17 / Am Ehrenfriedhof
45149 Essen-Margarethenhöhe
Info-Tel.: 0201.8845200

Schauvorführungen:
In den Sommermonaten jeweils am
1. Sonntag des Monats, 14.00 Uhr

Fachwerkidylle: der
Halbachhammer
nahe der Siedlung
Margarethenhöhe

Restaurant und Hotel Margarethenhöhe

84
85

E in Haus mit Geschichte, Charakter und einer fast heiteren Architektur. Ursprünglich als Gast- und Clubhaus 1911/12 von Georg Metzendorf errichtet, präsentiert es sich heute als privat geführtes 4-Sterne-Stadthotel mit 30 Zimmern, das Herkunft, modernen Komfort und Design zu verbinden sucht. Direkt am historischen Marktplatz gelegen, ist der Bürgersteig vor dem denkmalgeschützten Gasthaus mit einer kleiner Loggia überbaut – ein guter Platz, um das Treiben nach einem Spaziergang entspannt bei einer Tasse Kaffee zu genießen. Im modern gestalteten Restaurant gibt's feine Trendküche à la carte.

Im ersten Stock des Gasthauses beeindruckt das historische „Krupp'sche Margarethenzimmer" mit seiner Original-Nussholztäfelung und dem für die Wilhelminische Zeit so typischen prächtig-gediegenen Mobiliar. Die Innenausstattung bis hin zu den Schreibutensilien stammt ebenfalls von Metzendorf. Ursprünglich als Sitzungszimmer des Stiftungs-Vorstandes und -Aufsichtsrates genutzt, bietet das Margarethenzimmer heute den exklusiven Rahmen für verschiedenste Anlässe.

Mit diesem Zimmer hat sich Margarethe Krupp (1854–1931) zweifelsohne ihr eigenes kleines Denkmal gesetzt. Zu diesem Eindruck trägt auch ihre majestätische Erscheinung auf dem überlebensgroßen Bildnis von Otto Propether bei, das an der Stirnseite des Zimmers über dem edlen Marmorkamin platziert ist. Das großformatige Ölgemälde zeigt Margarethe Krupp als vornehme und altersmilde, aber durchaus resolute Dame mit dunkler Abendrobe und Pelzstola auf einem thronartigen Stuhl sitzend.

Als das Portrait Ende der 1920er Jahre entstand, hatte sie durch großzügige Stiftungen bereits Wegweisendes in der „Krupp'schen Wohltätigkeit" bewegt. Margarethe, geborene Freiin von Ende, war vier Jahre lang „Regentin von Krupp" – eine Rolle, die sie nach dem frühen Tod ihres Mannes Friedrich Alfred Krupp († 1902) aus tief empfundenem Pflichtgefühl angenommen hatte. Als reichste Frau des Deutschen Reiches war sie bis zur Volljährigkeit ihrer Tochter Bertha Krupp im Jahr 1906 treuhänderische Leiterin des Unternehmens Krupp, das zu dieser Zeit mehr als 60.000 Mitarbeiter zählte.

■ **Hotel und Restaurant Margarethenhöhe**
Steile Straße 46, 45149 Essen
Tel.: 0201.4386-0, www.hotel-margarethenhöhe.com

Öffnungszeiten Restaurant: täglich 12.00–23.00 Uhr

Gasthaus Margarethenhöhe
Margarethenzimmer

Hülsmannshof

Ein Bild von einem Gasthaus: Der traditionsreiche Hülsmanns-hof ist bis heute das gutbürgerliche Ziel für den gepflegten Sonntagsbraten und die Kommunionfeier. Der mächtige westfälische Fachwerk-Bauernhof ist bestens geeignet als Ausklang einer Tour über die Margarethenhöhe. Und wer seinen amerikanischen, japanischen oder französischen Freunden einmal traditionelle deutsche Küche à la Gänsebraten mit Rotkohl und Klößen auftischen möchte, ist hier genau richtig. Sommertags großer Biergarten.

■ **Restaurant Hülsmannshof**
Lehnsgrund 14a, 45149 Essen-Margarethenhöhe
Tel.: 0201.87125-0
www.huelsmannshof.de

Öffnungszeiten:
täglich 11.00 Uhr–24.00 Uhr

*Gasthaus mit
langer Tradition:
der Hülsmannshof*

Siedlung Heimaterde
(Mülheim an der Ruhr)

88
89

Mit der Siedlung Heimaterde lässt sich ein weiteres Beispiel Krupp'scher Wohnungsfürsorge besichtigen, das zur Zeit der Gartenstadt-Reformbewegung im Ruhrgebiet entstanden ist. Die Siedlung galt als Mustersiedlung der Heimstättenbewegung.

„Den Heimatlosen ein Stück Heimaterde wiedergeben" – unter diesem Programm war die Siedlung Heimaterde ab 1918 an Mülheims östlicher Stadtgrenze zu Essen entstanden, nicht weit entfernt von den ehemaligen Zechen Rosenblumendelle und Humboldt, wo heute das Rhein-Ruhr-Zentrum ist. Insbesondere kinderreichen Familien wollte man mit geräumigen „Landhauswohnungen" samt Stall und Garten eine Alternative zu den engen Innenstadtquartieren bieten. Durch Viehhaltung und Landwirtschaft sollten sich die Bewohner kostengünstig selbst versorgen können.

Die Idee für diese Siedlungsanlage hatte der Krupp-Prokurist Max Halbach entwickelt. Ziel war es, neu angeworbenen Arbeitern und ihren Familien Wohnraum zu günstigen Bedingungen als Eigentum zu überlassen – ein Stück Heimat. Für den Erwerb von Grundstücken hatte das Unternehmen zinslose Darlehen bereitgestellt. Nach Plänen des Mülheimer Werkbund-Architekten Theodor Suhnel entstanden kurz nach Ende des Ersten Weltkrieges die ersten 18 Einfamilienhäuser in einfacher Kottenbauweise. In deutlich sachlicherem Baustil wurden bis 1940 mehr als 1.000 weitere Wohnungen in Ein- und Zweifamilienhäusern errichtet.

In den vergangenen Jahrzehnten haben individuelle bauliche Veränderungen von Neu-Hausbesitzern dem ursprünglichen Charakter der Siedlung schwer zugesetzt. Dazu kam in den 1970er Jahren der Abriss ganzer Straßenzüge. 2003 machte sich eine Bürgerinitiative für den Erhalt des Gartenstadtcharakters stark. Als Ergebnis entstand ein Gestaltungshandbuch zur Begleitung von Umbaumaßnahmen.

Einen Streifzug durch die Siedlung beginnt man am besten an der Gaststätte „Krug zur Heimaterde", dem historischen Zentrum der Siedlung. Die ältesten Häuser findet man zwischen Kolumbusstraße und Sunderweg, wo noch einige Gebäude an die Original-Kottenbauweise erinnern – auch wenn aus den Kuhställen inzwischen Wohnzimmer geworden sind.

■ **Siedlung Heimaterde**
Ausgangspunkt für eine Tour:
Gaststätte „Krug zur Heimaterde"
Kolumbusstraße 110, 45472 Mülheim an der Ruhr
www.krug-zur-heimaterde.de

Schild der Familie Szymanski aus der Frühzeit der Siedlung
Siedlung Heimaterde: Renovierung nach Belieben

Siedlung Dahlhauser Heide
(Bochum-Hordel)

Nicht am repräsentativen Unternehmensstammsitz in Essen, sondern im Norden der Nachbarstadt Bochum entstand eine weitere Mustersiedlung der Firma Krupp. Vom Krupp'schen Baubüro unter der Leitung von Robert Schmohl in den Jahren 1906-1915 als Gartenstadt geplant, sollte die Dahlhauser Heide neue Heimat für die Bergleute der nahe gelegenen Zechen Hannover und Hannibal werden, die zum Krupp'schen Bergwerksbesitz gehörten. Zu den 339 hufeisenförmig angeordneten Doppelhäusern gehörten auch zwei Konsumanstalten, in denen es für „Kruppianer" verbilligte Lebensmittel gab, eine Bierhalle mit Saalbau, zwei Kindergärten, Gemeindehäuser und zwei konfessionelle Schulen. Für die leitenden Angestellten entstand separat der „Beamtenhof".

Anders als in der Mülheimer Heimaterde ist der dörflich-gartenstädtische Charakter in der Dahlhauser Kolonie sehr viel besser erhalten. Einer Gestaltungssatzung aus dem Jahr 1980 ist zu verdanken, dass etwa das Zierfachwerk und die Fensterläden erhalten blieben. Auch kann die ursprüngliche Grundform der Häuser nicht durch Um- oder Anbauten verändert werden. Ende der 1970er Jahre ist die Siedlung unter Denkmalschutz gestellt worden.

Bei einer Tour durch diese Krupp'sche Siedlung lässt sich der damals verbreitete „Heimatstil" fast in Reinform besichtigen: mit geschwungenen Straßen, einer zentralen Platzanlage sowie großzügigen Gärten mitsamt Stallungen und Häusern mit hohen, spitzen Dächern, die an altwestfälische Bauernhöfe erinnern. Die Siedlung wird im Volksmund gerne spöttisch „Kappeskolonie" genannt: Die großen Gärten boten nämlich reichlich Platz für Kleintierställe und Gemüseanbau – und das war lange Zeit vor allem Kohl, der im Ruhrgebiet Kappes genannt wird.

Von der Dahlhauser Heide ist es nicht weit zum Westpark. Der weitläufige Park mit der Bochumer Jahrhunderthalle mittendrin ist in den vergangenen Jahren auf einem ehemaligen Krupp-Werksgelände entstanden. Dort hatte ab 1854 der Bochumer Verein für Bergbau und Gussstahlfabrikation seinen Sitz, bevor er 1965 mit der Hütten- und Bergwerke Rheinhausen AG und dem ewigen Konkurrenten Krupp in die Fried. Krupp Hüttenwerke AG aufging. Während die Hochofenanlage Ende der 1960er Jahre stillgelegt wurde und das Gelände nach dem Abriss lange brachlag, produziert der Bochumer Verein Verkehrstechnik in den Werkshallen direkt an der Alleestraße bis heute u. a. die Radreifen für den ICE. Dort kann eine industriehistorische Räder- und Radsatzausstellung besichtigt werden.

Krupp'sche Kappeskolonie im Heimatstil mit westfälischen Fachwerkkotten

■ **Dahlhauser Heide**
Hordeler Heide, 44793 Bochum-Hordel

Westpark / Jahrhunderthalle Bochum
An der Jahrhunderthalle 1, 44793 Bochum

Bochumer Verein Verkehrstechnik GmbH
Alleestraße 70, 44793 Bochum-Stahlhausen
Tel.: 0234.6891-0
www.bochumer-verein.de
Besichtigungszeiten der Räder- und Radsatzausstellung
dienstags 10.00–12.00, donnerstags 15.00–17.00 Uhr
(nur nach Anmeldung)

Westpark mit der Bochumer Jahrhunderthalle auf dem ehemaligen Krupp-Gelände

Margarethensiedlung
(Duisburg-Rheinhausen)

Was vor mehr als 100 Jahren als gartenstädtische Mustersiedlung für die Stammbelegschaft des neu gegründeten
Krupp'schen Hüttenwerks Rheinhausen begann, ist heute eher trau-
riges Beispiel für den Niedergang einer Arbeitersiedlung. Und dies,
obwohl die Margarethensiedlung seit 1999 unter Denkmalschutz
steht. Doch mit der Werksschließung, die 1987 durch den drohen-
den Verlust von 6.000 Arbeitsplätzen bundesweit Schlagzeilen
machte, schien der Abstieg besiegelt. Vom legendären Stolz, ein gut
bezahlter Kruppianer zu sein, ist hier kaum noch etwas geblieben.

Um 1900 hatte der in Städtebaukreisen angesehene Leiter des
Krupp'schen Baubüros, Robert Schmohl, die Pläne für die Arbeiterkolonie als harmonischen Mix aus Parksiedlung und dörflich-
heimatlicher Vorstadt entwickelt. Die ersten Zeichnungen zeigten
freistehende Einzel- und Reihenhäuser mit großen Gärten und
schönen Plätzen. Dazu kamen die im Krupp'schen Siedlungsbau
üblichen Gemeinschaftseinrichtungen von der Bierhalle bis zum
werkseigenen Konsumladen – eine malerische, ländlich-sittliche
Siedlung für einfache Leute, die hier glücklich, zufrieden und
angemessen leben sollten, wie es bei Krupp hieß.

Namensgeberin war wie bei der Essener Gartenvorstadt Margarethenhöhe die Gattin Friedrich Alfred Krupps, Margarethe
Krupp, die kurz vor Baubeginn der Margarethensiedlung Witwe
geworden war. Ab 1903 ist im ersten Bauabschnitt die Kernsied-
lung rund um den kleinen, quadratischen Krupp-Platz entstanden.
Auf einer Denkmaltafel lassen sich heute die unterschiedlichen
Bauphasen der Siedlung ablesen – gute Orientierung für einen
kleinen Rundgang. Auf dem Krupp-Platz erinnert auch ein schlich-
tes Denkmal an Friedrich Alfred Krupp, den Gründer des Hüttenwerks. Bereits um 1914 galt es als größtes Hochofenwerk Europas,
in dem bis zur Schließung Generationen von Familien arbeiteten.

Um die Zeitreise fortzusetzen, bietet sich ein Abstecher in die
etwa drei Kilometer entfernte Krupp'sche Villenkolonie Bliersheim
an. Die hier von Robert Schmohl ab 1903 im englischen Landhaus-
stil errichtete Beamtensiedlung liegt heute inmitten des modernen
Gewerbeparks Logport, dem ehemaligen Krupp'schen Stahlwerks-
gelände. Die denkmalgeschützten Gebäude, von denen keines dem
anderen gleicht, wirken wie eine verfallene Filmkulisse und schei-
nen seit Jahrzehnten darauf zu warten, zu neuem Leben erweckt

*In tiefem Dornröschenschlaf:
die Beamtensiedlung Bliersheim im heutigen Logport-Gelände*

96
97

zu werden. Ursprünglich waren sie errichtet worden, um die leitenden Angestellten bei Störfällen schnell ins nahe gelegene Werk beordern zu können. Die Direktorenvilla mitsamt Kutscherhaus und Wagenremise, einige kleinere Villen sowie das ehemalige „Beamten-Casino" sind erhalten. Die Krupp'sche Gaststätte, prachtvoll im Stil der Zeit mit Stuck und Eichenparkett ausgestattet, diente als Restaurant für leitende Angestellte und zur repräsentativen Bewirtung von Gästen. Zudem war mit Kegelbahn, Winzersaal und Jagdzimmer der Rahmen für gehobenen Freizeitgenuss gegeben. Inzwischen hat ein Gastronom den jahrzehntelangen Dornröschenschlaf beendet und bewirtet das Casino als Eventlocation.

Zum Abschluss bietet sich die Einkehr in eine Kneipe an, die sozusagen das gastronomische Pendant zum Krupp'schen Casino darstellt. Die Gaststätte „Zum Reichsadler" ist eine Institution und untrennbar mit dem Mythos Krupp und Rheinhausen verbunden. Dort planten die Krupp'schen Stahlarbeiter 1987 die wochenlangen Streiks und Mahnwachen, die schließlich in die Besetzung der Rheinbrücke und der Villa Hügel in Essen mündeten. Der Gasthof hat das Stahlwerk überlebt, doch der Zahn der Zeit nagt unerbittlich. Nur mit sehr viel Fantasie mag man sich vorstellen, dass in dem asbachuralten Reichsadler einst Generationen von Arbeitern in Schlips und Kragen sonntags mit ihren Familien zu Mittag gegessen haben.

Doch nach der Schließung des Krupp'schen Stahlwerks war im Reichsadler längst nicht alles vorbei. Die Köchin kocht noch immer gutbürgerliche Küche, das Gericht kostet um die sechs Euro, inklusive Kraftbrühe. Die Ortsvereine treffen sich am ovalen Stammtisch zu ihren Versammlungen, zur Skatrunde oder zum Kegeln. Und die Kruppianer machen den Saal hinter dem Tresen unsicher, wann immer es etwas zu Feiern gibt. Jeden 2. Sonntag im Monat ist Tanztee – ab 15.30 Uhr.

■ **Margarethen-Siedlung**
Margarethenstraße / Krupp-Platz
47226 Duisburg-Rheinhausen

Beamtensiedlung Bliersheim
Gaterweg / Villenstraße
47229 Duisburg-Friemersheim

Rheinhausener Legende: Die Gaststätte „Zum Reichsadler"

Beamten-Casino, heute Casino Bliersheim
Bliersheimer Straße 83–87, 47229 Duisburg (Logport)
Tel.: 02065.953836
www.Bliersheim.de

Gasthof „Zum Reichsadler"
Atroper Straße 63, 47226 Duisburg
Tel.: 02065.74250

Siedlung Altenhof

U m 1900 hatte der französische Journalist Jules Huret in seiner packenden Ruhrgebiets-Reportage die Kolonie Altenhof im Essener Stadtteil Rüttenscheid mit diesen Worten beschrieben: „Für die alten und invaliden Arbeiter hat Herr Krupp einen Einfall gehabt, der wirklich ganz reizend ist." Die hübsche Siedlung hatte Friedrich Alfred Krupp vom Leiter des Krupp'schen Baubüros Robert Schmohl ab1893 im Cottagestil errichten lassen. Das Besondere: Der Altenhof war alten, invaliden und alleinstehenden ehemaligen Werksangehörigen vorbehalten, die dort mietfrei wohnen konnten. Die niedrigen, entzückenden Häuschen mit Erkern und Fachwerk-Verzierungen lagen inmitten kleiner Gärten am Rand des Krupp'schen Waldparks – weit entfernt von den Krupp'schen Fabriken, von Schornsteinen und Rauch.

Im Gegensatz zu den damals üblichen kasernenartigen Heimen und Asylen war diese einmalige Krupp'sche Altensiedlung Ausdruck eines geradezu revolutionären sozialen Engagements. Der weit gereiste Jules Huret sah dies bei einem Besuch in Essen ebenso und beschrieb den Altenhof wie ein Stück Himmel auf Erden: „Die Alten können sich einbilden, daß sie mitten auf dem friedlichen, glücklichen Lande wohnen, fern von jener Hölle, in der sie so lange gelebt und sich abgeplagt haben. Ihre Augen ruhen auf den grünen Massen der benachbarten Wälder, die an den grünen Hügeln emporsteigen; kein Geräusch stört ihre wohlverdiente Ruhe."

Wer sich auf die Spuren dieser Mustersiedlung begibt, muss zwischen dem Altenhof I und II unterscheiden. Vom Bauabschnitt Altenhof I aus den Jahren 1893 bis 1907 existieren nur noch wenige Häuser am Hundackerweg und am Gussmannplatz. Dazu gehört auch die ehemalige Kapelle des Altenhofes von 1900, die heutige Krankenhauskapelle des Alfried Krupp Krankenhauses. Auch vier der sogenannten Pfründnerhäuser sind erhalten geblieben und stehen unter Denkmalschutz. Die zweigeschossigen Fachwerkhäuser in Sichtweise zur Kapelle dienten Witwen und alleinstehenden ehemaligen Krupp-Arbeitern als kleine Wohnheime.

Bereits um 1920 waren rund um den Altenhof I Krupp'sche Wohlfahrtseinrichtungen wie das Krankenhaus an der Lazarettstraße, Erholungshäuser und das Wöchnerinnenheim zu den „Krupp'schen Krankenanstalten" zusammengefasst worden, die auch Nicht-Kruppianern zur Verfügung standen. Für den Neubau des Alfried Krupp Krankenhauses sind in den 1980er Jahren weite Teile der

Ein Stück Himmel auf Erden: Häuschen im Cottage-Stil, Siedlung Altenhof II

Siedlung Altenhof I abgerissen worden – ein baukünstlerischer
Verlust für Essen, den man sich kaum groß genug vorstellen kann.

Anders der Altenhof II: Dieser Teil der Siedlung, entstanden zwischen 1907 und 1914, ist im Wesentlichen erhalten und
steht unter Denkmalschutz. Ein Spaziergang durch die hügeligen,
gewundenen Straßen der Siedlung, damals benannt nach leitenden Krupp-Angestellten, hinterlässt noch heute einen harmonischen Eindruck.

■ **Altenhof I**
Hundackerweg / Gussmannplatz
45131 Essen-Rüttenscheid

Altenhof II
Von-Bodenhausen-Weg / Büttnerstraße / Eichenstraße
45133 Essen-Stadtwald

Herzallerliebst:
denkmalge-
schütztes Haus
im Altenhof II

Siedlung Alfredshof

Auf den ersten Blick erinnert die Siedlung Alfredshof in Essen-Holsterhausen heute an eine großstädtische Wohnanlage, wie sie etwa in Berlin typisch ist: mehrgeschossige, geschlossene Häuserblocks mit begrünten Innenhöfen, die teilweise durch überbaute Durchgänge miteinander verbunden sind. Doch dieser Eindruck ist unvollständig. Der älteste Teil des Alfredshofs war ursprünglich eine vom Krupp'schen Baubüro unter Leitung von Robert Schmohl errichtete Gartenstadt und im Aufbau mit der Siedlung Altenhof in Essen-Rüttenscheid identisch. Allerdings ist von den kleinen, idyllischen Häuschen nichts mehr zu sehen, da dieser älteste Teil der Siedlung Alfredhof aus den Jahren 1893 bis 1899 im Zweiten Weltkrieg völlig zerstört wurde.

Was heute entfernt an eine Berliner Blockbebauung erinnert, stammt aus der zweiten Ausbauphase der Siedlung Alfredshof nach 1907, als das Krupp'sche Baubüro aus Platzgründen von der Cottagebauweise abrückte. Fortan entstanden im neueren Alfredshof mehrgeschossige Mietsreihenhäuser mit fast 1.700 großzügigen Mietswohnungen. Bis zum Zweiten Weltkrieg war der Alfredshof die größte der Krupp'schen Siedlungen und galt mit seinen versetzt und abwechslungsreich angeordneten Häuserzeilen als einzigartiges Beispiel für eine vorbildbildliche Großstadtsiedlung.

Wichtigstes Gestaltungsmerkmal dieser Mustersiedlung waren die großzügigen Hofanlagen, verbunden mit Durchblicken und bogenförmigen Durchgängen. In dem einzigen noch erhaltenen geschlossenen Viertel, dem sogenannten Simson-Block an der Keplerstraße / Simsonstraße, kann man die zentrale axiale Anordnung noch erkennen. Kurz nach Fertigstellung dieses Blocks 1915/16 führten großzügige Treppenstufen zu einem ersten begrünten Hof, von dort durch einen dreiteiligen überbauten Torbau auf den Thielenplatz, dann auf den Hartmannsplatz und durch weitere Durchgänge zu einem vierten Platz an der Kepplerstraße. Der Alfredshof war nach 1945 fast völlig zerstört und eines der größten zusammenhängenden Wiederaufbaugebiete im Ruhrgebiet.

■ **Siedlung Alfredshof**
Keplerstraße / Simsonstraße / Hartmannplatz
45147 Essen-Holsterhausen

Großstädtisch: die Siedlung Alfredshof in Essen-Holsterhausen

Delia Bösch
arbeitet seit mehr als 20 Jahren
als freiberufliche Journalistin im
Ruhrgebiet. Für diesen Führer
hat sich die studierte Kunsthisto-
rikerin auf die Spuren der Essener
Industriellenfamilie Krupp bege-
ben und ist dabei einem Mythos
begegnet, der bis heute fasziniert.
Zuletzt sind im Klartext Verlag
ihre „Entdeckungsreise Industriekultur" und das Reise- und Lese-
buch „Grubengold. Mythos Ruhrgebiet" erschienen.

Dr. Thomas Hintze
arbeitet als freiberuflicher Fotograf mit den Schwerpunkten
Natur- und Reisefotografie für
Magazine und namhafte Bildagen-
turen. Sein regionales Lieblings-
thema ist die fotografische Ausein-
andersetzung mit den vielfälti-
gen Ruhrgebiets-Idyllen jenseits
grauer Tristesse. Zuletzt war er in
den Naturlandschaften Osteuro-
pas und in Venedig unterwegs,
wo großformatige Panoramen entstanden sind.
http://hintze-photo.com

Impressum

1. Auflage August 2011

Satz und Gestaltung:
Volker Pecher, Essen

Titelfoto:
Thomas Hintze

Druck und Bindung:
Aalexx Buchproduktion GmbH,
Großburgwedel

© Klartext Verlag, Essen 2011
Alle Rechte vorbehalten

ISBN 978-3-8375-0520-7
www.klartext-verlag.de

Bildnachweis

Thomas Hintze:
Seiten 2, 15, 16/17, 19, 20/21, 23,
25, 27, 28/29, 30/31, 33, 35, 37,
39, 40/41, 53 u., 55, 57, 58/59,
62/63, 65, 67, 77, 80/81, 82/83,
85, 86/87, 89, 91, 92/93, 95, 97, 99,
100/101, 103

Historisches Archiv Krupp:
Seiten 6/7, 11, 13, 45, 47, 49, 51, 71,
73, 75

Archiv Frank Stenglein:
Seiten 42/43, 53 o.

Seiten 68/69: Kunstbeilage zur
Festschrift „Essens Entwicklung
1812–1912". Herausgegeben
aus Anlaß der hundertjährigen
Jubelfeier der Firma Krupp
vom Verkehrsverein Essen, 1912